ZARZĄDZANIE CZASEM *w pigułce*

Agnieszka Makarow

ZARZĄDZANIE CZASEM *w pigułce*

Jak planować, żeby nie zwariować

samo•sedno

Redaktor prowadzący: Maria Gładysz
Redakcja: Zofia Kozik
Korekta: CentrumKorekty.pl
Opracowanie graficzne i skład: Marcin Satro
Opracowanie koncepcji okładki: Krzysztof Zięba, TonikStudio.pl
Adaptacja okładki: Katarzyna Korol

Samo Sedno
Edgard
ul. Belgijska 11
02–511 Warszawa
tel./faks: (22) 847 51 23
e-mail: samosedno@samosedno.com.pl

ISBN 978-83-65884-19-0
wydanie I
Warszawa 2018

Spis treści

Wstęp

Zarządzanie czasem to temat ciągle aktualny, zwłaszcza w ostatnich latach. W internecie jak grzyby po deszczu pojawiają się strony poświęcone temu zagadnieniu, a w księgarniach półki uginają się pod ciężarem niezliczonych poradników. Nie ma w tym nic dziwnego. Współczesny człowiek żyje w ciągłym pośpiechu i w pogoni za sukcesem. Podejmuje coraz więcej zadań i chce je szybko wykonywać. Pragnie realizować się zawodowo i jednocześnie mieć udane życie osobiste oraz spełniać swoje marzenia. Często jednak napotyka przeszkodę – brak czasu.

Choć informacje o zarządzaniu czasem można znaleźć bez problemu, to już wykorzystać je w praktyce jest znacznie trudniej. Chciałbyś realizować więcej zadań i mieć lepsze wyniki, ale nic z tym nie robisz. To zaś szybko prowadzi do frustracji i zniechęca do działania.

Mam jednak dobrą wiadomość – ten poradnik nauczy cię zarządzać czasem i osiągać wyznaczone cele. Znajdziesz w nim zbiór praktycznych informacji wzbogaconych licznymi przykładami i ciekawostkami. Treść została przedstawiona w przystępny sposób, dzięki czemu łatwiej ci będzie wprowadzić zmiany w swoim życiu.

W każdym człowieku tkwią niewyczerpane pokłady determinacji i motywacji, by z żadnego dnia nie stracić ani chwili. Dotarcie do nich to zadanie trudne, ale możliwe do wykonania. Jeśli pragniesz podjąć to wyzwanie i nie boisz się ciężkiej pracy, dobrze trafiłeś.

Dlaczego warto skorzystać z tego poradnika?

- „W moim życiu nic nie idzie zgodnie z planem".
- „Toczę nieustanną walkę z czasem".
- „Żyję w ciągłym biegu".
- „Trudno jest mi pogodzić życie zawodowe z osobistym".
- „Chcę wreszcie znaleźć czas na moje hobby".

Znasz to. Każdy na pewnym etapie życia wypowiedział chociaż jedno z powyższych zdań. W takim momencie zwykle dochodzisz do wniosku, że jedyne, co może ci pomóc, to wydłużenie doby o kolejne 24 godziny... Niestety takie rozwiązanie nie wchodzi w grę. Na szczęście ten poradnik sprawi, że wiele z tych problemów odejdzie w zapomnienie.

Obok znanych i sprawdzonych metod znajdziesz tutaj porady podparte przykładami z codziennego życia młodej i ambitnej osoby, która próbuje odnaleźć równowagę między sferą osobistą a zawodową. W książce nie zabraknie również ciekawostek o charakterze medycznym, które pomogą ci zrozumieć, jak funkcjonuje mózg m.in. w momencie kształtowania się nawyków.

Dzięki lekturze poradnika:

- w rzetelny sposób ocenisz, czy masz problemy z zarządzaniem czasem;
- ustalisz priorytety i określisz cele;
- poznasz przydatne narzędzia służące do regularnego planowania;
- nauczysz się w pełni wykorzystywać czas.

Jeśli więc czujesz, że potrzebujesz pomocy w którymkolwiek z powyższych obszarów, lektura tej książki jest dla ciebie niezbędna.

Od autorki

Przygodę z zarządzaniem czasem zaczęłam kilka lat temu. Chociaż jestem samoukiem, otoczenie uważa mnie za osobę zorganizowaną i bardzo dobrze panującą nad swoim czasem. Jak to możliwe? Zmusił mnie do tego tryb życia i rodzaj podejmowanych przeze mnie aktywności. Moja codzienność (praca, studia medyczne, pasja pisania i życie osobiste) okazała się najlepszą szkołą i jednocześnie największym wyzwaniem.

Czy jestem mistrzynią w tej dziedzinie? Zdaję sobie sprawę, że jeszcze wiele rzeczy mogłabym poprawić. Zdarza mi się popełniać błędy (np. odkładać sprawy na później lub poświęcać się tym mało ważnym), ale ciągle je koryguję i staję się coraz lepsza w zarządzaniu czasem.

Napisałam ten poradnik z myślą o osobach, które chciałyby mieć czas. A ponieważ człowiek najlepiej uczy się na doświadczeniach własnych lub innych osób, w książce przedstawiam przede wszystkim sprawdzone wskazówki. Gotowe rozwiązania, takie jak metoda GTD czy OATS (patrz: rozdział 4), są oczywiście narzędziami pomocnymi, ale nie mogą stanowić podstawy wiedzy. Każdy powinien wypracować własne techniki, a jest to możliwe tylko dzięki zastosowaniu metody prób i błędów. Teoretyczne zagadnienia mogą jedynie wspomóc ten proces.

Nawet jeśli w trakcie tej nauki wielokrotnie poniesiesz porażkę, nie przejmuj się. Właśnie te niepowodzenia, mniejsze czy większe, pomogą ci skorygować nawyki i uczynią prawdziwym ekspertem od planowania. Działa to podobnie jak nauka jazdy na łyżwach. Asekuracyjne trzymanie się barierki i bezwzględne stosowanie się do rad innych raczej nie uczynią z ciebie łyżwiarza. Dopiero kiedy odważysz się wyjechać sam na środek lodowiska i kilkakrotnie się przewrócisz, zaczniesz rozumieć, o co w tym wszystkim chodzi. Od tej pory nauka stanie się zarówno przyjemniejsza, jak i efektywniejsza.

Zapraszam cię zatem do wspólnego zgłębiania informacji o tej niezwykle przydatnej umiejętności, jaką jest zarządzanie czasem.

1.

Zarządzanie sobą w czasie

Naszą wspólną podróż warto rozpocząć od kilku podstawowych informacji, które wprowadzą cię do tematu zarządzania czasem. To coś w rodzaju pakietu startowego, z którym warto zapoznać się już teraz, abyś z lektury tego poradnika mógł wynieść jak najwięcej.

Sformułowanie „zarządzanie czasem" wymaga pewnego uzupełnienia. Chodzi tutaj o słowo, które choć wydaje się nieistotne, to w rzeczywistości zupełnie zmienia znaczenie tego pojęcia. Od tej pory zamiast o zarządzaniu czasem będziesz mówić o zarządzaniu s o b ą w czasie.

Na czym polega ta pozornie niewielka różnica? W pierwszym przypadku odwołujesz się do czegoś niezależnego od ciebie – przecież nikt nie jest w stanie wpłynąć na bieg czasu, przyspieszyć go lub spowolnić. W rezultacie zostawiasz sobie otwartą furtkę dla wymówek, a za niepowodzenia obwiniasz niezależne od ciebie czynniki zewnętrzne. Natomiast w drugim przypadku w zarządzaniu czasem uwzględniasz pewien bardzo ważny składnik – siebie samego. Przyznajesz tym samym, że tylko ty jesteś w stanie kontrolować własne życie. Od tej pory musisz więc wziąć odpowiedzialność za organizację swojego czasu. Dzięki temu, jeśli nie zdołasz wykonać zaplanowanych zadań, będziesz mógł racjonalnie spojrzeć na przyczyny takiego stanu rzeczy. Być może źle rozplanowałeś czas, nie ustaliłeś priorytetów albo wziąłeś na siebie zbyt wiele obowiązków.

Jeśli ta różnica jest nie do końca zrozumiała, poniższy przykład pomoże ci ją pojąć. Przeczytaj go i porównaj oba zaproponowane rozwiązania.

Przykład

Trwa gorący okres przedświąteczny. Michał ma tyle do zrobienia, że nie wie, od czego zacząć. W firmie jest jedną z osób odpowiedzialnych za ogromne zamówienie od dużego zagranicznego partnera. Pracuje więc w biurze po godzinach, by dopiąć wszystko na ostatni guzik. Został tylko tydzień do świąt. Michał musi zrobić jeszcze świąteczne zakupy, w tym znaleźć prezenty dla najbliższych. Jakby tego było mało, wczoraj zadzwoniła mama, prosząc, by pomógł jej złożyć nowe meble.

Rozwiązanie nr 1

Pomimo nadmiaru obowiązków Michał niczego nie planuje, zakładając, że wszystko się jakoś ułoży. Któregoś dnia na pewno znajdzie trochę czasu. Co stanie się w takim przypadku? Michał codziennie wraca późno do domu, kładzie się na kanapie i nie rusza się z niej aż do końca dnia, tłumacząc się ogromnym zmęczeniem. W Wigilię Bożego Narodzenia okazuje się, że nie będzie w stanie pomóc mamie w złożeniu mebli, nie zdążył również kupić kilku prezentów dla rodziny. Czuje wstyd i rozczarowanie pogłębione pełnymi wyrzutu spojrzeniami żony. Na swoją obronę powtarza jedynie: „Nie miałem czasu".

Rozwiązanie nr 2

Pomimo nadmiaru obowiązków Michał nie poddaje się i bierze sprawy w swoje ręce. Otwiera kalendarz i skrupulatnie planuje każdy dzień w nadchodzącym tygodniu. Zaznacza godziny spędzone w pracy i dzieli poszczególne obowiązki tak, by każdego dnia starczyło mu czasu na odpoczynek i odpowiednią dawkę snu. Zdaje sobie sprawę, że nie uda mu się zdążyć ze wszystkim. Postanawia więc zamówić prezenty dla najbliższych przez internet – poświęca na to pół godziny i nie musi się tym martwić aż do świąt. Dzięki temu ma na głowie jeden obowiązek mniej. Rozsądne rozplanowanie kolejnych dni sprawia, że Michał przychodzi do pracy wypoczęty, gotowy spełnić oczekiwania szefa, a także znajduje czas, by pomóc mamie. Pełen sukces!

99

Jakie wnioski wysnujesz z tych dwóch przeciwstawnych sobie scenariuszy? Pierwszy z nich pokazuje, że jeśli nie weźmiesz odpowiedzialności za organizację swojego czasu, prawdopodobnie nie uda ci się zrobić wszystkiego, co postanowiłeś. Michał uznał, że „jakoś to będzie", i nie rozplanował swoich zadań, co doprowadziło do porażki. Był święcie przekonany, że stało się tak nie z jego winy, a z powodu „braku czasu".

Dla porównania, drugi scenariusz idealnie ukazuje ideę **zarządzania sobą w czasie**. Tym razem Michał wiedział, że tylko od niego zależy, czy uda mu się zdążyć ze wszystkim. Wziął odpowiedzialność za swój czas i rozsądnie podzielił go pomiędzy poszczególne obowiązki. Ułatwił sobie również zadanie, kupując prezenty przez internet. Pozwoliło mu to oszczędzić sporo czasu i wykorzystać go w inny sposób.

Zapamiętaj

Bardzo dużo zależy od twojego nastawienia. Jeśli racjonalnie podejdziesz do problemu, szansa na to, że ci się uda, odpowiednio się zwiększy. To właśnie ty jesteś najważniejszym elementem w zarządzaniu czasem.

Zanim przystąpisz do dalszej lektury, powinieneś zrozumieć, że nie ma czegoś takiego jak „brak czasu". Czas bowiem to coś całkowicie niezależnego od działalności człowieka. Nic nie jest w stanie go zatrzymać. Pory roku zmieniają się jak w kalejdoskopie, upływają kolejne lata, a z utraconego czasu nie można odzyskać nawet sekundy. Zaraz, zaraz... Pewnie przyszło ci teraz do głowy, że przecież istnieje coś takiego jak rok przestępny – raz na cztery lata zyskuje się dodatkowy dzień!

Ciekawostka

Oprócz dobrze wszystkim znanego roku przestępnego istnieje również **sekunda przestępna**, zwana także skokową. Jest to sekunda dodawana w celu zsynchronizowania czasu, z którego korzysta się na co dzień, ze średnim czasem słonecznym. Międzynarodowa Służba Ruchu Obrotowego Ziemi i Systemów Odniesienia określa daty, kiedy takie zjawisko występuje. Ostatnio 37. sekunda przestępna została dodana 31 grudnia 2016 r.

Wygląda więc na to, że raz na jakiś czas twoja doba w niemal magiczny sposób zostaje wydłużona. Jednak czy naprawdę na tym zyskujesz? Zwróć uwagę, że te zabiegi służą jedynie dostosowaniu się do czasu słonecznego, który jest od ciebie niezależny. Zatem nic nie zostaje dodane do twojej puli. Ludzkie metody mierzenia upływającego czasu nie są doskonałe, więc niekiedy trzeba je odpowiednio wspomagać.

Zapamiętaj

Każdy człowiek dysponuje taką samą ilością czasu. Nie istnieją metody, które pozwoliłyby na jej zwiększenie lub zmniejszenie. Jeśli twierdzisz, że nie masz na coś czasu, najczęściej oznacza to, iż nie masz ochoty tego zrobić lub nie znajduje się to na liście twoich priorytetów. Na rzeczy ważne, np. pracę, opiekę nad dziećmi, spotkania z przyjaciółmi, niedzielne obiady z rodziną, prowadzenie bloga lub uczęszczanie na zajęcia fitness, czas zawsze się znajdzie.

Czas na chwilę autorefleksji

Skoro sięgnąłeś po ten poradnik, to znaczy, że masz kłopot z zarządzaniem czasem. Zapewne problem ten zauważyłeś już dawno, ale próby poradzenia sobie z nim na własną rękę skończyły się niepowodzeniem. Dokładna ocena własnych umiejętności może sprawić ci trudność – i nie ma w tym nic dziwnego. Żeby to sobie ułatwić, spróbuj odpowiedzieć na poniższe pytania:

- Czy uważasz się za osobę zorganizowaną?
- Czy inni postrzegają cię jako osobę zorganizowaną?
- Czy sądzisz, że dobrze planujesz swoje aktywności?
- Czy jest coś, co chciałbyś poprawić w swoim sposobie planowania czasu? Co to takiego?

Czy udzielenie odpowiedzi na te pytania było dla ciebie łatwe? Jeśli nie, to nic nie szkodzi. Zwykle trudno spojrzeć krytycznie na własne zachowania i wyciągnąć z nich odpowiednie wnioski. Nawet jeśli odpowiedzi nie sprawiły ci problemu, to jeszcze nie wystarczy, by wiedzieć, które aspekty planowania czasu przychodzą ci z łatwością, a nad którymi powinieneś jeszcze popracować.

Ćwiczenie, które niebawem wykonasz, ma ci pokazać, jak duży jest twój problem z zarządzaniem czasem i na czym najpierw warto się skupić. Będziesz mógł poddać własne zachowania obiektywnej krytyce i zobaczyć to, co zwykle jest niewidoczne na pierwszy rzut oka.

Twoje metody organizacji czasu

Poniższy test powinien skłonić cię do refleksji nad dotychczasowym sposobem zarządzania czasem. Wprowadzi cię on do serii zadań, jakie wykonasz w kolejnych rozdziałach. Przygotuj teczkę lub segregator na ćwiczenia zaproponowane w tym poradniku. Będziesz mógł wrócić do zadań, jeszcze raz je przeanalizować i nanieść poprawki.

Wszystkie ćwiczenia wykonuj na kartce przy użyciu długopisu lub kredek. Im bardziej kolorowo, tym lepiej – twój mózg uzna przedstawiane wskazówki za ciekawe i godne zapamiętania.

Poszczególne zadania – zwłaszcza te, które najbardziej przypadną ci do gustu – będziesz mógł wykorzystywać na co dzień, planując kolejne tygodnie w kalendarzu.

Ćwiczenie

Przeczytaj dokładnie poniższe zdania i zaznacz na skali odpowiedź najlepiej odzwierciedlającą stan rzeczywisty.

Odpowiedzi:
1 – bardzo rzadko/nigdy, 2 – rzadko, 3 – w połowie przypadków, 4 – często, 5 – bardzo często/zawsze

Test:
Jak często zdarzają ci się poniższe sytuacje?

1. Wiele rzeczy robisz bez planowania (np. bez zapisywania ich w notesie, organizerze lub kalendarzu).
   1 2 3 4 5
2. Zapominasz o ważnych spotkaniach lub wydarzeniach (np. o przyjęciu urodzinowym bliskiej osoby).
   1 2 3 4 5
3. Spóźniasz się na umówione spotkania.
   1 2 3 4 5
4. Załatwiasz sprawy na ostatnią chwilę.
   1 2 3 4 5
5. Spóźniasz się z wykonaniem czegoś na czas i robisz to po terminie.
   1 2 3 4 5
6. Chodzisz do sklepu bez listy zakupów.
   1 2 3 4 5
7. Zaczynasz pracę od rzeczy najłatwiejszych, nawet jeśli nie są one konieczne do wykonania całego zadania.
   1 2 3 4 5

8. Odkładasz mniej przyjemne zadania na później.
1 2 3 4 5

9. Nie wiesz, od czego zacząć pracę.
1 2 3 4 5

10. Robisz sobie przerwę w czasie krótszym niż 15 minut od rozpoczęcia pracy.
1 2 3 4 5

11. Przedłużasz przerwy bez ważnego powodu (np. „Zacznę o pełnej godzinie...", „Jeszcze tylko przeczytam ten artykuł...").
1 2 3 4 5

12. Masz bałagan w miejscu pracy.
1 2 3 4 5

13. Trudno ci się skupić na jednej czynności.
1 2 3 4 5

14. Odrywasz się od wykonywanych czynności tylko po to, by sprawdzić coś w telefonie lub internecie.
1 2 3 4 5

15. Przerywasz pracę, żeby sprawdzić skrzynkę mailową.
1 2 3 4 5

16. Przynosisz pracę, której nie zdążyłeś zrobić w biurze, do domu.
1 2 3 4 5

17. Rezygnujesz z czasu wolnego.
1 2 3 4 5

18. Zaniedbujesz kontakty z rodziną i/lub przyjaciółmi.
1 2 3 4 5

19. Zaniedbujesz posiłki (ich liczbę i/lub jakość) z powodu nadmiaru obowiązków.
1 2 3 4 5

20. Śpisz mniej niż siedem godzin na dobę.
1 2 3 4 5

21. Zaniedbujesz aktywność fizyczną z powodu zmęczenia (nie ćwiczysz i/lub nie chodzisz na spacery).
1 2 3 4 5

22. Zaniedbujesz swoje zainteresowania.
1 2 3 4 5

23. Stresujesz się z powodu nadmiaru obowiązków.
1 2 3 4 5

Zsumuj punkty z udzielonych odpowiedzi. Następnie sprawdź poniżej interpretację swojego wyniku. Wszystkie przedziały zostały opisane nazwami różnych części rośliny (m.in. nasiono, łodyga, owoc). Ułatwi ci to zrozumienie, na jakim etapie jesteś i ile pracy musisz jeszcze wykonać, aby stać się mistrzem w zarządzaniu czasem (zarówno tym spędzonym w pracy, jak i wolnym od obowiązków).

Wyniki:

115–104 Nasiono

Twoja przygoda z zarządzaniem czasem dopiero się zaczyna. Jesteś na etapie nasiona, z którego przy sprzyjających okolicznościach może rozwinąć się wspaniała roślina uginająca się od soczystych owoców. Dobra wiadomość jest taka, że masz wszystkie zasoby potrzebne do rozwoju nowych umiejętności, musisz tylko zadbać o odpowiednie warunki dla swojego wzrostu. Pomogą ci w tym wskazówki zawarte w niniejszym poradniku. Na tym etapie każdy rozdział powinien być dla ciebie tak samo ważny – nie opuszczaj żadnej strony i pracuj wytrwale, a być może już wkrótce przejdziesz na wyższy poziom.

103–81 Łodyga

Masz już pewną wiedzę i dobrze znasz podstawy, ale wciąż brakuje ci szczegółowych informacji. Musisz dołożyć starań, by z łodygi mogła wyrosnąć duża roślina. Żeby dowiedzieć się, nad czym w szczególności powinieneś popracować, przyjrzyj się stwierdzeniom, przy których zaznaczyłeś cyfrę 4 lub 5.

Jeśli większość z nich należy do przedziału 1–6, oznacza to, że masz problem z wprowadzaniem w życie użytecznych nawyków, takich jak codzienne planowanie, tworzenie list spraw do załatwienia i korzystanie z pomocnych narzędzi (np. internetowych aplikacji). Stwierdzenia 7–9 świadczą zaś o tym, że nie potrafisz poprawnie wyznaczać celów, a te od 10 do 15 o nieradzeniu sobie z dystraktorami, czyli czynnikami rozpraszającymi uwagę i uniemożliwiającymi skupienie (np. program telewizyjny lub ciekawy artykuł znaleziony przypadkowo w internecie). Przedział 16–23 mówi o trudnościach z wypracowaniem tzw. *work-life balance*, czyli równowagi między życiem zawodowym a osobistym.

80–58 Liść

Jesteś pośrodku drogi prowadzącej do mistrzostwa w zarządzaniu czasem. Chociaż włożyłeś wiele wysiłku w pracę nad sobą, to nie możesz teraz spocząć na laurach. Przed tobą być może najtrudniejsza część związana z wprowadzaniem nowych nawyków w życie. Ważne, żebyś za kilka tygodni lub miesięcy w większości powyższych zagadnień zaznaczył odpowiedź 1 lub 2 – wtedy obok liści na twojej roślinie zakwitną kwiaty, które wkrótce zmienią się w przepyszne owoce. Przyjrzyj się objaśnieniom przedziałów opisanych przy „łodydze", żeby dowiedzieć się, z czym masz największe problemy.

57–35 Kwiat

Tak wiele udało ci się zrobić. Kwiat oznacza zmiany, które wprowadziłeś do swojego życia. Od dawna próbujesz poznać tajniki zarządzania czasem i osiągasz całkiem niezłe wyniki. Pamiętaj jednak, że ta nauka powinna trwać całe życie.

Pielęgnuj to, co udało ci się do tej pory osiągnąć. Nie poddawaj się lenistwu, które może sprawić, że przestaniesz planować, a zaczniesz szukać wymówek i odkładać sprawy na później. W ten sposób najłatwiej zaprzepaścić dotychczasowe osiągnięcia. Staraj się korzystać z pomocnych narzędzi i metod, które znajdziesz w tym poradniku. Rozdziały 4 i 5 powinny cię zainteresować – wskazówki i informacje w nich zawarte przeznaczone są dla osób bardziej zaawansowanych. Zwróć uwagę na opisy przedziałów umieszczone przy „łodydze" – jeśli zaznaczyłeś odpowiedź 4 lub 5, sprawdź, do jakiej kategorii należy dane stwierdzenie.

34–23 Owoc

Zdobyłeś już potrzebną wiedzę z zakresu zarządzania czasem. Co więcej, umiesz wykorzystać ją w praktyce. Na tym etapie jedyne, co możesz jeszcze zrobić, to obserwować własne zachowania i korygować je, jeśli zachodzi taka konieczność. Mądrze korzystaj z owoców swojej pracy i nie zapominaj o tym, czego się nauczyłeś.

Po wykonaniu powyższego testu już wiesz, jak wygląda twoje zarządzanie czasem. Uzmysłowiłeś sobie, jak wiele aspektów twojego życia szwankuje, jeśli brakuje ci tej umiejętności. Refleksja nad tym, jak do tej pory radziłeś sobie z planowaniem, jest dobrym ćwiczeniem wprowadzającym do pozostałej części książki. Na pewno dostrzegłeś błędy, które zdarza ci się popełniać na co dzień. Jeżeli chciałbyś je wyeliminować, to dobry znak.

Kiedy rozpoczniesz pracę nad zmianą swoich nawyków, wypełnij ponownie powyższy test. Może się okazać, że znajdujesz się o kilka poziomów wyżej niż wtedy, gdy rozwiązywałeś go po raz pierwszy. Taka sytuacja będzie świadczyć o tym, że nauka przebiega pomyślnie, i zmotywuje cię do dalszej pracy.

Być może doskonale zarządzasz swoim czasem, ale mimo to nie rezygnuj z przeczytania tego poradnika. Informacje w nim zawarte pozwolą ci odświeżyć i usystematyzować wiedzę. Możesz też znaleźć w nim wskazówki i techniki, z których do tej pory nie korzystałeś.

Dlaczego nie możesz zrealizować planów?

Przyczyn niepowodzeń w zarządzaniu czasem jest mnóstwo, dlatego w tym podrozdziale dowiesz się tylko o najważniejszych. To one najczęściej przeszkadzają ci w planowaniu każdego dnia oraz sprawiają, że jesteś zestresowany, spięty i niezadowolony z efektów swojej pracy. A przecież by pokonać wroga, trzeba najpierw dobrze go poznać. Dlatego poniżej znajdziesz listę ośmiu kardynalnych błędów w zarządzaniu czasem. Masz teraz możliwość dowiedzieć się, czy ty również je popełniasz, i przygotować się do ich eliminacji.

Osiem kardynalnych błędów w zarządzaniu czasem

Zanim przejdziesz do analizy poszczególnych grzechów w zarządzaniu czasem, zapoznaj się z poniższym przykładem. Czytając tę krótką historię, postaraj się wskazać błędy popełnione przez główną bohaterkę.

Przykład

66

Jest słoneczny sobotni ranek. Ania właśnie się obudziła. Na nocnej szafce stojącej obok łóżka znajduje listę rzeczy do zrobienia, którą przygotowała poprzedniego wieczoru. Szybko przeciera oczy i czyta:

SOBOTA

- *zapłacić rachunki*
- *kupić kartkę urodzinową i kwiaty*
- *pomóc córce w projekcie do szkoły*
- *posprzątać mieszkanie*
- *ugotować obiad*
- *wyprasować ubrania*
- *pomóc sąsiadce*
- *iść na przyjęcie urodzinowe o 17:00*

To dużo do zrobienia jak na jeden dzień, więc Ania je w pośpiechu śniadanie i bierze się do pracy. Na początek postanawia pojechać po kartkę urodzinową i kwiaty dla przyjaciela, który urządza dzisiaj przyjęcie. Nie bierze ze sobą listy z zadaniami – przecież doskonale pamięta, co na niej jest.

Wychodząc ze sklepu, spotyka znajomą z poprzedniej pracy. Dawno się nie widziały i mają sobie tyle do powiedzenia, że postanawiają wstąpić na kawę do pobliskiej kawiarni. Krótka rozmowa zmienia się w dwugodzinne spotkanie. Gdy wybija 12:00, Ania żegna się z koleżanką i w pośpiechu wybiega z kawiarni. Ma tyle rzeczy na głowie, że zupełnie zapomina wstąpić na pocztę, aby zapłacić rachunki, choć tę sprawę odkłada już od tygodnia.

Po powrocie do domu sprząta mieszkanie i gotuje obiad. Kiedy kończy, okazuje się, że jest już 15:00, a do drzwi właśnie puka sąsiadka. Ania obiecała pomóc jej w upieczeniu ciasta, które jest jej specjalnością. Ustaliły, że zrobi to właśnie w sobotę. Gdy wraca od sąsiadki, okazuje się, że do wyjścia na przyjęcie urodzinowe została już tylko godzina. Córka przypomina mamie o projekcie do szkoły, który sprawia jej duże trudności. Ania zaczyna szykować się do wyjścia i prasować ubrania dla całej rodziny. Co kilka minut przerywa, by odpowiedzieć na pytania córki i wytłumaczyć trudniejsze zagadnienia. W pewnym momencie zapomina o odstawieniu na bok żelazka, a kiedy wraca do prasowania, okazuje się, że w jej sukience wypaliła się ogromna dziura. Musi znaleźć dla siebie nowe ubranie. Projekt córki nadal nie jest gotowy, więc na przyjęcie urodzinowe przyjeżdżają spóźnieni.

Czy jesteś w stanie wymienić błędy, jakie popełniła Ania? Zastanów się przez chwilę, a następnie zapoznaj się z ich opisem.

1. Problem z ustaleniem priorytetów

Jeśli na początku dnia nie zastanowisz się spokojnie, które ze spraw zaplanowanych do wykonania są najważniejsze, wpadniesz w poważne tarapaty. Ludzki umysł uwielbia robić to, co proste i przyjemne. Rzadko jednak są to rzeczy najistotniejsze. Szybko więc może się okazać, że trudniejsze zadania nieświadomie przesunąłeś na bliżej nieokreśloną przyszłość. Warto ustalić, co jest dla ciebie priorytetem, i nie odkładać tego na później.

W powyższym przykładzie Ania nie uporządkowała swoich planów według hierarchii ważności, co okazało się poważnym błędem. Gdyby to zrobiła, wiedziałaby, że zapłacenie rachunków i pomoc córce w projekcie do szkoły powinna wykonać w pierwszej kolejności jako czynności priorytetowe. Później spokojnie mogłaby się zająć przygotowaniami do przyjęcia urodzinowego i domowymi porządkami. Zamiast tego na początku zrobiła to, co było dla niej najłatwiejsze – pojechała do sklepu po kartkę urodzinową. Pociągnęło to za sobą wiele nieprzewidzianych konsekwencji, których można było uniknąć dzięki wcześniejszemu zhierarchizowaniu listy zadań.

2. Odwlekanie

Odkładanie rzeczy na później to zazwyczaj najczęstszy błąd w zarządzaniu czasem, jaki zdarza ci się popełniać. Jest on nierozerwalnie związany z poprzednim, czyli z nieumiejętnym ustalaniem priorytetów. Na pewno wielokrotnie zdarzało ci się odwlekać mniej przyjemne zadania i czekać z ich wykonaniem aż do ostatniej chwili, kiedy już naprawdę nie miałeś wyboru i musiałeś je zrealizować. Takie postępowanie prowadzi do nagromadzenia się wielu obowiązków i stawia cię przed koniecznością wykonania ich wszystkich na ostatnią chwilę. To z kolei wywołuje ogromny stres i wzmaga poczucie napięcia. Jak tego uniknąć?

Kiedy już uda ci się określić, które zadania znajdują się na szczycie twojej listy priorytetów, powinieneś zawsze starać się wykonywać je w pierwszej kolejności. W ten sposób znacznie szybciej zyskasz realne korzyści ze swojej pracy i osiągniesz sukces w dziedzinie, na której najbardziej ci zależy.

Analizując historię Ani, łatwo zauważyć, że już od tygodnia zwlekała z opłaceniem rachunków. Zapewne trudno jej było znaleźć czas na ten przykry obowiązek i dlatego spychała go wciąż na dalszy plan. Zamiast wykonać to zadanie wcześniej, Ania postanowiła dołączyć je do sobotniej listy spraw do załatwienia, która i bez tego była już wystarczająco długa. Przy takim natłoku różnych zajęć prawdopodobieństwo, że coś pójdzie nie tak, jest bardzo duże. Właśnie tak stało się w przypadku Ani, która ostatecznie zapomniała o zapłaceniu rachunków. Można się tylko domyślać, ile stresu kosztowało ją to w następnych dniach.

3. Nadmiar obowiązków

Branie na siebie zbyt wielu obowiązków to kolejny często popełniany błąd. Należy pamiętać o tym, że istnieje pewna granica, powyżej której twoje barki nie są w stanie udźwignąć więcej ciężaru. Jeśli wciąż wymyślasz sobie nowe zadania, bez wątpienia wkrótce zaczniesz czuć się coraz bardziej zmęczony i przepracowany, a najbardziej ucierpi na tym jakość twojej pracy. Zamiast zgłaszać się na ochotnika do kolejnego projektu w pracy, skup się na tym, którego jeszcze nie skończyłeś. Nie oferuj swojej pomocy przy remoncie sali gimnastycznej w szkole syna albo pieczeniu ciastek na szkolny jarmark, jeśli wiesz, że będzie ci trudno znaleźć na to czas.

Zapamiętaj

Lepiej zrobić mniej, ale porządnie, niż pozaczynać wszystko po trochu bez zadowalających efektów na żadnym polu. Nie bierz na siebie zbyt wielu obowiązków i skup się na tych, które już masz. Pozwoli ci to uniknąć przemęczenia i poprawi jakość twojej pracy.

W przytoczonym przykładzie Ania zgadza się pomóc sąsiadce w kuchni i ustala, że zrobi to właśnie w sobotę. Decyduje się na to, mimo że na ten dzień zaplanowała już dużo innych spraw. Uporanie się z tym wszystkim w ciągu kilkunastu godzin graniczy z cudem. Gdyby wcześniej to przemyślała i umówiła się z sąsiadką np. na niedzielę, oszczędziłaby dużo czasu i mogłaby go znacznie lepiej spożytkować.

4. Problem z delegowaniem obowiązków

Nieumiejętność dzielenia się obowiązkami wynika z silnego przekonania, że tylko ty możesz zrobić daną rzecz dobrze i nikt inny oprócz ciebie się do tego nie nadaje. Ludzie popełniający ten błąd chcą uchodzić za osoby świetnie zorganizowane, które mają wszystko pod kontrolą i którym samodzielnie udało się osiągnąć spektakularny sukces. W efekcie nie mają nawet chwili, aby odpocząć i o siebie zadbać.

Sytuacja taka jest częsta, gdy ktoś ma własną firmę. Jeśli zakłada się biznes po raz pierwszy, trudno zaufać komuś z zewnątrz i powierzyć mu część swoich obowiązków. Nie popełniaj tego błędu. Dzięki zatrudnieniu profesjonalistów, którzy znają się np. na reklamie lub fotografii, oszczędzisz sobie stresu i zyskasz więcej czasu, by zadbać o prawidłowe funkcjonowanie firmy.

Choć przykład Ani jest zupełnie inny, ona również popełniła ten błąd i nie podzieliła obowiązków między członków rodziny. Wystarczyło przecież poprosić córkę lub męża o pomoc w wykonaniu jednej lub dwóch rzeczy ze sporządzonej przez nią listy. Gdyby to zrobiła, bez trudu zdążyłaby ze wszystkim na czas.

Uważaj jednak, żeby nie wpaść w pułapkę przesadnego zrzucania odpowiedzialności na inne osoby. Prawdziwą sztuką jest bowiem umiejętność samodzielnego radzenia sobie z natłokiem obowiązków i delegowania tylko takich, które mogą zostać bezpiecznie przekazane innym.

5. Poświęcanie czasu rzeczom mało ważnym

Polega ono na wykonywaniu wielu czynności zastępczych, które nie przybliżają cię do zrealizowania podstawowego planu. W ten sposób jedynie stwarzasz pozory, że cały czas coś robisz. Owszem, nie siedzisz bezczynnie, ale czy twoje działania przynoszą jakiekolwiek efekty?

Do takich bezproduktywnych wypełniaczy czasu można zaliczyć m.in. sprawdzanie skrzynki mailowej kilkanaście razy dziennie, nieustanne przekładanie i porządkowanie papierów potrzebnych do pracy lub długie poszukiwania odpowiedniego tła do prezentacji multimedialnej zamiast zabrania się do przygotowywania jej treści. Należy również wspomnieć o zajmowaniu się sprawami zbędnymi, które nigdy nie przyniosą ci korzyści. Przykładem jest choćby marnowanie czasu na przeglądanie portali społecznościowych lub angażowanie się w gry komputerowe, podczas gdy powinieneś robić bardziej pożyteczne rzeczy.

Ania również popełniła ten błąd. Wychodząc ze sklepu, natknęła się na znajomą i spędziła z nią kilka godzin. Oczywiście spotkania z kimś, kogo się lubi i z kim ma się wiele wspólnego, nie można traktować jako mało ważnego, ale w tym konkretnym dniu Ania nie powinna do niego dopuścić. Mogła umówić się ze znajomą na kawę w inny, konkretny dzień, a sobotę w całości poświęcić na wykonanie zadań z listy. Innym wyjściem było skrócenie spotkania z dwóch godzin do kilkudziesięciu minut lub wspólny spacer w kierunku mieszkania Ani.

Ciekawostka

Zgłębiając tajniki zarządzania czasem, można się natknąć na tzw. **zasadę Pareta**[1]. Została ona sformułowana przez amerykańskiego teoretyka zarządzania Josepha Jurana, a jej nazwa pochodzi od nazwiska włoskiego ekonomisty i socjologa Vilfreda Pareta. Uczony ten stwierdził (pod koniec XIX w.), że 20% mieszkańców Włoch posiada 80% całego majątku tego państwa. Szybko okazało się, że ta prawidłowość dotyczy wielu zjawisk w ekonomii i wkrótce stała się niemal uniwersalnym prawem rządzącym alokacją zasobów.

Zasada 80/20 w kontekście zarządzania czasem mówi, że jedynie 20% wykonywanych przez ciebie czynności przynosi aż 80% efektów. Natomiast pozostałe 80% twoich wysiłków przekłada się jedynie na 20% rezultatów. Wniosek jest prosty. Jeśli wnikliwie przeanalizujesz swoje działania i wybierzesz spośród nich te, które dają widoczne skutki, masz szansę maksymalnie zwiększyć swoją efektywność i ograniczyć niewykorzystany czas do minimum.

---

[1] O zasadzie Pareta pisało wielu autorów, zob. m.in.: Joseph M. Juran, A. Blanton Godfrey, *Juran's Quality Handbook*, McGraw-Hill, Nowy Jork 1998; Amit Offir, Eyal Nir, *24/8 BuDo-Way – droga do MEGAefektywności. Jak zwiększyć swój potencjał i zyskać ósmy dzień tygodnia*, tłum. Maciej Witalewski, WENA Studio Twórczej Ekspresji, Poznań 2015; Richard Koch, *Sposób na życie 80/20*, tłum. Tomasz Piwowarczyk, Dom Wydawniczy Rebis, Poznań 2005.

6. Przechowywanie w głowie nieistotnych informacji

Pamiętaj, że twój mózg to najważniejsze narzędzie, jakim dysponujesz w codziennym planowaniu i organizowaniu zajęć. Powinieneś korzystać z niego mądrze, rozwijać wyobraźnię i analizować nowe pomysły, które przychodzą ci do głowy. Niestety jest coś, co może znacząco to utrudnić. To skupianie się na nieistotnych informacjach, takich jak lista zakupów lub obowiązków do wykonania w domu danego dnia (np. kupić płyn do kąpieli, umyć okna, wytrzepać dywan).

Zaśmiecając w ten sposób umysł, zmuszasz go do nieustannego przypominania ci o rzeczach, które trzeba zrobić, i odbierasz mu możliwość wymyślania nowych pomysłów dotyczących innych aspektów twojego życia. Z tego powodu rzeczy takie jak lista zakupów lepiej trzymać zapisane na kartce niż w głowie. Podobnie jest z wieloma obowiązkami, które planujesz wykonać w najbliższym czasie – jeśli coś takiego przychodzi ci na myśl, sięgnij po długopis i od razu to zapisz.

Ania co prawda sporządziła listę spraw do załatwienia, ale zostawiła ją w domu, wierząc, że doskonale pamięta jej treść. Gdyby wzięła kartkę ze sobą i odhaczała kolejne wykonane zadania, z pewnością nie zapomniałaby o pójściu na pocztę i zapłaceniu rachunków. Nie musiałaby nieustannie myśleć i zamartwiać się tym, ile rzeczy ma jeszcze do zrobienia. Mogłaby się zrelaksować i pozwolić swoim myślom błądzić swobodnie – wszystko, co było jej potrzebne, miałaby przecież zapisane.

7. Wielozadaniowość

Dla wielu osób tzw. podzielność uwagi i umiejętność robienia kilku rzeczy w tym samym momencie jest czymś godnym naśladowania i pochwały. Pora raz na zawsze pożegnać się z tym mitem. Kiedy jesteś wielozadaniowy, dokładność twojej pracy drastycznie maleje. Twoja uwaga zostaje rozproszona na kilka różnych czynności, więc spada również efektywność i szybkość wykonania. Paradoksalnie więc może się okazać, że stracisz dużo więcej czasu, próbując jednocześnie posprzątać mieszkanie, obejrzeć odcinek serialu i wybrać wzór zaproszeń na wesele, niż gdybyś robił każdą z tych rzeczy po kolei.

Jeśli w trakcie jakiejś czynności przychodzi ci do głowy wiele pomysłów niezwiązanych z tym, co aktualnie robisz, możesz oderwać się od pracy i zapisać je w notesie. Nie musisz natychmiast ich realizować i rozpraszać uwagi. Wystarczy, że utrwalisz je na kartce i przypomnisz sobie o nich w odpowiednim momencie.

Na pewno już wiesz, jakie błędy popełniła Ania. W ferworze obowiązków, wiedząc, jak niewiele czasu pozostało do wyjścia z domu, zaczęła wykonywać kilka rzeczy jednocześnie. Szykowała się na przyjęcie, prasowała ubrania dla rodziny i pomagała córce w pracy nad projektem. Efekt? Spalona sukienka, popsuty nastrój i jeszcze więcej zmarnowanego czasu.

Wskazówka

Mając kilka rzeczy do zrobienia, zajmij się każdą z nich osobno. Zapomnij o podzielności uwagi – każde z twoich zadań zasługuje na taką samą jej ilość. Choć z pozoru może się wydawać, że potrwa to znacznie dłużej, w rzeczywistości jest wręcz odwrotnie. Próbując wykonać kilka rzeczy jednocześnie, często coś się nie udaje. Naprawienie tego zajmie ci dużo więcej czasu niż zrobienie tego po kolei, z należytą starannością.

8. Problem z określeniem celu

Nawet gdy uda ci się uniknąć wszystkich spośród siedmiu powyższych błędów, poniesiesz porażkę, jeśli nie określisz jasno celów. Twoja motywacja do działania będzie niewielka lub zerowa. Nie dojrzysz głębszego sensu w tym, co planujesz zrobić, i łatwo się poddasz. Tylko dzięki wyznaczaniu konkretnych celów przyświecających działaniu masz szansę odpowiednio stymulować mózg i zachęcić go do podjęcia wysiłku.

Ani z powyższego przykładu się to nie udało. Nie przemyślała, jaki jest podstawowy cel jej działania. Gdyby to zrobiła, zauważyłaby, że plan jej dnia prowadzi do trzech głównych punktów docelowych. Były to:

- dobra ocena z projektu uzyskana przez córkę;
- koniec zmartwień związanych z niezapłaconymi rachunkami;
- radość przyjaciela w dniu jego urodzin.

Określenie celów w ten sposób pozwala spojrzeć na listę zadań z szerszej perspektywy i znaleźć motywację do wykonania każdego z nich. Dzięki temu Ani dużo łatwiej byłoby zająć się w pierwszej kolejności rzeczami najważniejszymi.

Więcej informacji na temat wyznaczania celów i nadawania sensu działaniu znajdziesz w kolejnym podrozdziale.

Ćwiczenie

Stwórz listę najważniejszych rzeczy, które przeszkadzają ci w efektywnym zarządzaniu czasem. Nie ograniczaj się jedynie do tych opisanych powyżej – możliwych błędów jest przecież znacznie więcej niż osiem. Wypisz wszystkie, które zdarza ci się popełniać. Obok każdego z nich postaraj się zapisać sposób, który pozwoli ci go uniknąć. Zainspiruj się przykładem Ani i wzoruj na propozycjach rozwiązań popełnianych przez nią błędów.

Wyznacz cele i nadaj sens działaniu

Jak często zdarza ci się, że planujesz jakieś zadanie, a tuż przed jego wykonaniem lub w trakcie się poddajesz? To, co sobie postanowiłeś, wydaje ci się trudne, nieprzyjemne i niezwykle czasochłonne. Szybko uznajesz, że zajmiesz się tym „jutro", co najczęściej oznacza nieokreślony termin w przyszłości lub, co gorsza, że nie zrobisz tego nigdy. W tej chwili nie zamierzasz aż tak się męczyć, bo niby po co? No właśnie! Niewiele osób zdaje sobie sprawę, że w tym krótkim pytaniu tkwi przyczyna większości niepowodzeń już na tak wczesnym etapie.

Zastanów się przez chwilę. Czy zdarza ci się, że skupiasz się jedynie na krótkoterminowych korzyściach płynących z pracy i nie wyznaczasz klarownych celów na przyszłość? Jeśli odpowiedź na to pytanie brzmi „tak", twoje porażki najprawdopodobniej wynikają z braku motywacji. Bez niej nie masz najmniejszych szans, by efektywnie zarządzać własnym czasem i wykonywać zaplanowane czynności. To działa w obie strony. Kiedy zaczniesz skutecznie zarządzać czasem i dostrzeżesz efekty swoich starań, poziom twojej motywacji wzrośnie wprost proporcjonalnie.

Przykład

66

Szef Marcina zlecił mu opracowanie wyników sprzedaży firmy z ostatniego kwartału w formie krótkiej prezentacji przed zarządem. Ma dwa tygodnie, żeby się przygotować. Niestety zmotywowanie się do pracy jest dla niego trudne i już kilkakrotnie skończyło się porażką. W głowie przewija mu się myśl: „Muszę przygotować tę prezentację, żeby przedstawić ją zarządowi firmy i mieć to z głowy". Taki sposób myślenia do niczego nie prowadzi. Skoro jedyną motywacją Marcina jest jak najszybsze pozbycie się przykrego obowiązku, jego mózg bez trudu znajdzie kolejne usprawiedliwienia dla lenistwa:

- *„Teraz zrobię krótką przerwę i wyjdę na spacer. Jest taka ładna pogoda! Do pracy zabiorę się za kilka godzin".*
- *„Zajmę się tym jutro, przecież do spotkania zarządu zostały jeszcze całe dwa tygodnie".*
- *„Prezentacja nie zając, nie ucieknie. Powiem szefowi, że wyniki przedstawię na kolejnym spotkaniu".*

Z takim podejściem można zapomnieć o zarządzaniu czasem i zupełnie sobie odpuścić. Na szczęście jest na to sposób. Polega on na ***wyznaczaniu celów długofalowych****, czyli mówiąc bardziej ogólnie: na* ***nadawaniu znaczenia własnemu działaniu****. Przede wszystkim Marcin powinien zastanowić się, jakie realne korzyści może w przyszłości osiągnąć dzięki wykonaniu danego zadania. Odpowiedź powinna nasunąć się sama.*

„Jeśli przyłożę się do opracowania wyników i zaprezentuję je w sposób kompletny i przemyślany, zabłysnę w oczach zarządu. Szef uzna mnie za osobę kompetentną i zacznie powierzać mi inne ważne obowiązki. Być może w przyszłości dostanę awans i dzięki temu będzie mnie stać na budowę własnego domu. Bardzo mi na tym zależy. Co powinienem zrobić, żeby się udało?

Po pierwsze: opracować wyniki sprzedaży firmy, żeby przygotować się do prezentacji.
Po drugie: zacząć jak najwcześniej i wykorzystać jak najwięcej czasu, żeby wykonać zadanie profesjonalnie.
Po trzecie: nie przekładać prezentacji – to tylko sprawi, że szef będzie postrzegać mnie jako osobę niegodną zaufania".

Od razu lepiej, prawda? Gwarantuję, że taki sposób myślenia stanowi najlepszy zastrzyk motywacji do wykonywania wyznaczanych sobie zadań.

Powyższy przykład można przełożyć na większość sytuacji z życia codziennego. Podstawowa zasada pozostaje niezmienna. Pomyśl o kierunku, w którym chcesz się rozwijać, i zdefiniuj swoje marzenia. Dzięki temu nauka obsługi nowego programu komputerowego lub długie godziny spędzone na siłowni wydadzą ci się dużo bardziej atrakcyjne. Cokolwiek by to było, dokładna wizualizacja celu końcowego sprawi, że chętnie poświęcisz każdą chwilę na jego przybliżenie.

Istnieje jednak pewne niebezpieczeństwo. Często jest tak, iż dążysz do osiągnięcia czegoś tylko dlatego, że życzą sobie tego twoi najbliżsi. Niektórzy wybierają określony kierunek studiów, bo podświadomie czują, że zadowoli to ich rodziców. Inni biorą na siebie kolejne obowiązki w pracy nie po to, by awansować, ale żeby spełnić oczekiwania szefa.

Zapamiętaj

Upewnij się, że to, co robisz, nie zostało ci podyktowane przez otoczenie (rodzinę, przyjaciół lub współpracowników). Cel wybrany po to, by spełnić oczekiwania innych, nie zmotywuje cię do działania. Zamiast tego sprawi, że będziesz wykorzystywać czas nieefektywnie na robienie rzeczy, na które nie masz najmniejszej ochoty. Nie daj się złapać w tę pułapkę.

Tabela marzeń

Jeśli masz problemy ze sprecyzowaniem swoich pragnień, narysuj tabelę, która ci w tym pomoże. Przyda się ona zwłaszcza tym, którzy do tej pory nie poświęcali zbyt wiele uwagi planowaniu przyszłości. Tabela powinna składać się z trzech kolumn zatytułowanych: „teraźniejszość", „realizacja" i „przyszłość". Poniżej znajduje się opis każdej z nich w kolejności ich wypełniania.

Przyszłość

To właśnie ta kolumna jest najważniejsza i od niej należy zacząć wypełnianie tabeli. Zanim jednak to zrobisz, określ swój cel podstawowy (np. wybudowanie domu, podróż dookoła świata lub uczestnictwo w półmaratonie) i wpisz go w nagłówku tabeli. Masz możliwość dokładnie wyobrazić sobie ten moment swojego życia. Puść wodze fantazji – pamiętaj, że w tej kolumnie tabeli najbardziej liczy się dokładność. Postaraj się więc jak najlepiej zwizualizować swoją przyszłość po osiągnięciu celu. Opisz, co będziesz wtedy robił, czuł i myślał (o sobie i rzeczywistości). Jak będą postrzegać cię inni? Wypisz w podpunktach określenia, jakimi mógłbyś opisać swoje przyszłe otoczenie.

Teraźniejszość

W tym miejscu zamieść wszystko, co dotyczy stanu obecnego. Powinny się tutaj znaleźć twoje mocne strony i ograniczenia. Wymień zarówno te cechy charakteru, które pomogą ci zrealizować zadanie, jak i te utrudniające pracę. Pamiętaj również o wszystkich rzeczach niezależnych od ciebie, które można określić zbiorczo jako czynniki zewnętrzne. Przykładowo, jeśli twoim celem jest uczestnictwo w półmaratonie, takim czynnikiem zewnętrznym będzie brzydka pogoda, która uniemożliwi ci codzienne bieganie.

Dlaczego ta kolumna jest tak ważna? Dzięki niej czarno na białym zobaczysz, co najczęściej stanowi przeszkodę w działaniu. Przy odrobinie dobrej woli zaczniesz stopniowo eliminować swoje złe nawyki i ograniczenia. Może się również okazać, że niesłusznie zakwalifikowałeś niektóre z czynników jako zewnętrzne, podczas gdy tak naprawdę były jedynie kolejną wymówką: „Czy pogoda naprawdę była aż tak brzydka, że uniemożliwiła mi bieganie?".

Realizacja

Ta rubryka oznacza kroki, które podejmiesz, by przejść od teraźniejszości do przyszłości. W przykładzie z bieganiem będą to np. codzienny trening, modyfikacja diety, stopniowe zwiększanie dystansu itd. Tutaj również ważne jest szczegółowe opisanie każdego etapu. Warto wyznaczyć ramy czasowe poszczególnych kroków, co później ułatwi ich realizację.

Na kolejnej stronie znajdziesz wypełnioną przykładowo tabelę marzeń.

Cel: Napisanie książki przygodowej		
Teraźniejszość	**Realizacja**	**Przyszłość**
Atuty: ▸ czerpanie przyjemności z pisania ▸ duża wyobraźnia ▸ umiejętność pisania ▸ pomysł na fabułę **Ograniczenia:** ▸ trudność w zmobilizowaniu się do pisania ▸ inne obowiązki związane z pracą i rodziną ▸ problemy z rozwinięciem pomysłu **Czynniki zewnętrzne:** ▸ stary komputer (częste zawieszanie się systemu utrudnia pracę)	▸ czytać dużo książek przygodowych innych autorów (wzbogacenie słownictwa) – przynajmniej jedną na miesiąc ▸ jak najczęściej pisać – krótki tekst lub opowiadanie raz na dwa tygodnie ▸ sporządzić notatki dotyczące pomysłu – w ciągu najbliższego weekendu ▸ dopisywać kolejne elementy fabuły i rozwijać pomysł – przez dwa miesiące ▸ uporządkować pomysły w konkretne wątki, stworzyć spis treści ▸ zacząć pisać – jeden rozdział na miesiąc	▸ spełnienie największego marzenia ▸ poczucie satysfakcji i szczęścia ▸ osiągnięcie życiowego sukcesu ▸ popularność, spotkania z czytelnikami, wywiady (jeśli książka dobrze się sprzeda) ▸ możliwość zarobienia pieniędzy (zakup nowego komputera lub nowoczesnej maszyny do pisania) ▸ szansa na dalsze rozwijanie pasji (pisanie kolejnych części książki)

Ćwiczenie

Narysuj własną tabelę na podstawie powyższych instrukcji. Jeśli masz więcej niż jeden cel, opisz każdy z nich w osobnej tabeli. Ogranicz się jednak do maksymalnie trzech. Dlaczego? Tabela służy do wyznaczania celów długofalowych, do których będziesz dążyć całymi miesiącami lub nawet latami. Właśnie dlatego twój kierunek działania powinien być możliwie jak najwęższy – rozdrabnianie się na zbyt wiele dziedzin nie przyniesie oczekiwanych rezultatów, za to szybko cię zniechęci.

Zwróć uwagę, że w tabeli brakuje kolumny z tytułem „przeszłość". To, co wydarzyło się kiedyś, ma bowiem znaczenie jedynie w kontekście błędów, jakie popełniłeś, i wniosków, jakie możesz z nich wyciągnąć. Nie należy zapominać o przeszłości, ale jej przesadne analizowanie do niczego dobrego nie prowadzi.

„Skoro pół roku temu nie udało mi się regularnie ćwiczyć i zdrowo się odżywiać, to teraz też mi się nie uda" – taki sposób myślenia może jedynie sprawić, że pogrążysz się w smętnych rozważaniach na temat własnych porażek.

Zapamiętaj

Ucz się na błędach, ale nigdy nie poświęcaj wydarzeniom z przeszłości zbyt dużej uwagi. Rozpamiętywanie porażek tylko cię zniechęci. Zamiast tego skup się na tym, co powinieneś zrobić *tu i teraz*, by osiągnąć swój cel.

Przedstawiony powyżej sposób pracy z tabelą pozwala uporządkować natłok myśli i skoncentrować się na tym, co najważniejsze. Z czasem, gdy już nauczysz się dobrze określać cele i kroki potrzebne do ich realizacji, zaczniesz robić to w głowie. Wtedy bez trudu zauważysz, że jest ci o wiele łatwiej się zmobilizować i dobrze zarządzać własnym czasem, jeśli wiesz, do czego te działania prowadzą.

Może okazać się, że tabela wyda ci się zbyt czasochłonna lub nieprzystępna pod względem formy przedstawienia informacji. W takim przypadku skorzystaj z jeszcze jednej propozycji. Możesz zastąpić notatnik kartką z ołówkiem lub kredkami. Jeśli jesteś wzrokowcem i masz ochotę pobudzić nieco swoją kreatywność, zwizualizuj cel w postaci rysunku.

Ćwiczenie

Przygotuj kartkę i kredki. Zastanów się, jakie jest twoje największe marzenie, a następnie przy użyciu ulubionych kolorów stwórz rysunek przedstawiający twój cel. Podobnie jak w przypadku tabeli tutaj również liczy się szczegółowość. Załóżmy, że chciałbyś wybudować dom. Pomyśl więc nad różnymi elementami, bez których nie wyobrażasz sobie przyszłego miejsca zamieszkania, i zamieść je na rysunku (m.in. styl, w którym urządzisz poszczególne pokoje, kolor ścian, rozmieszczenie mebli, aranżacja strychu, wygląd werandy, garażu i ogrodu).

Im bardziej kolorowo i różnorodnie, tym lepiej. Swoje dzieło trzymaj zawsze pod ręką – możesz oprawić je w ramkę i powiesić nad łóżkiem lub umieścić na biurku w pracy. Będzie motywowało cię do działania wtedy, kiedy najbardziej tego potrzebujesz.

Będziesz zaskoczony tym, jak doskonale potrafisz wykorzystywać swój czas, jeśli tylko nieco zmienisz swoje nastawienie i spojrzysz na wszystko z szerszej perspektywy. Wniosek? Bez motywacji nie może być mowy o zarządzaniu czasem.

Bądź S.M.A.R.T.

Skąd pewność, że cel, który przed sobą postawiłeś, został sformułowany w odpowiedni sposób? Może i poprawiłeś nieco poziom swojej motywacji, ale nadal nie wiesz, od czego powinieneś zacząć i kiedy wreszcie osiągniesz upragniony sukces. Na pomoc przychodzi niezwykle popularna i skuteczna koncepcja S.M.A.R.T.[2].

Jej głównym założeniem jest ukazanie w prosty sposób cech, którymi powinien charakteryzować się dobrze sformułowany cel. Poniżej znajdziesz jeden ze sposobów rozwinięcia tego akronimu. Twój cel powinien być:

- **S** (ang. *specific*) – skonkretyzowany, czyli dokładnie określony. Oznacza to, że istnieje tylko jedna możliwa interpretacja celu. Nie powinieneś mieć wątpliwości, co chcesz osiągnąć. Nie może on być też zbyt ogólny, jak np. „Nauczę się języka hiszpańskiego". Lepiej powiedzieć sobie: „Nauczę się 1000 podstawowych słów i zwrotów z języka hiszpańskiego".
- **M** (ang. *measurable*) – mierzalny. Na tym etapie powinieneś określić, co będzie miarą jego realizacji. W przypadku nauki słówek możesz poprosić kogoś, aby co miesiąc robił ci małe sprawdziany. Jeśli bez trudu tłumaczysz 80% każdego testu, możesz uznać, że zadanie zostało wykonane poprawnie.

---

[2] Więcej o koncepcji S.M.A.R.T. możesz przeczytać m.in. tutaj: George T. Doran, *There's a S.M.A.R.T. Way to Write Management's Goals and Objectives*, „Management Review" nr 70(11)/1981, s. 35–36; Graham Yemm, *FT Essential Guide to Leading Your Team: How to Set Goals, Measure Performance and Reward Talent*, FT Press, Nowy Jork 2012, s. 37–39; Bruno S. Frey, Margit Osterloh, *Successful Management by Motivation: Balancing Intrinsic and Extrinsic Incentives*, Springer Science & Business Media, Nowy Jork 2002, s. 234.

- **A** (ang. *achievable*) – osiągalny. Przemyśl, czy cel, który sobie wyznaczyłeś, jest możliwy do osiągnięcia. Jeśli nigdy nie miałeś talentu do języków, a ich nauka cię męczyła, nie oczekuj, że teraz przyjdzie ci to łatwo. Może należy zmniejszyć tempo przyswajania nowych słówek albo pomyśleć o zdobyciu innej przydatnej umiejętności?
- **R** (ang. *relevant*) – istotny. Zadanie, które przed sobą postawiłeś, powinno być istotnym krokiem naprzód. W podanym przykładzie o wadze celu mógłby decydować fakt, że planujesz wyjechać do pracy w Hiszpanii.
- **T** (ang. *time-oriented*) – określony w czasie. Powinieneś dokładnie wyznaczyć ramy czasowe na osiągnięcie celu. Przytoczony przykład wymaga więc istotnego uzupełnienia: „Codziennie przez cztery miesiące będę uczyć się 10 słówek i/lub zwrotów z języka hiszpańskiego".

Ciekawostka

Niekiedy koncepcja S.M.A.R.T. jest rozszerzona o dwa dodatkowe określenia (S.M.A.R.T.E.R.):

- **E** (ang. *exciting*) – ekscytujący. To bardzo ważna cecha, ponieważ bez niej nie będziesz czuć się odpowiednio zmotywowany do działania. Twój cel pod żadnym pozorem nie powinien być dla ciebie obojętny. Nawet jeśli nauka języka hiszpańskiego sama w sobie nie wydaje ci się ekscytująca, pomyśl o rocznym pobycie w Hiszpanii – wówczas bez trudu odnajdziesz w sobie motywację.
- **R** (ang. *recorded*) – zapisany. Opracowując cel zgodnie z koncepcją S.M.A.R.T., warto go spisać. W ten sposób będziesz mógł lepiej go przemyśleć i na pewno o nim nie zapomnisz.

Ćwiczenie

Określ jeden cel, który chcesz zrealizować w niedalekiej przyszłości zgodnie z zasadami koncepcji S.M.A.R.T. Pamiętaj o wszystkich cechach, którymi powinien się charakteryzować, i odpowiednio go zmodyfikuj.

Dobra robota! Poddawanie celów testowi S.M.A.R.T. powinno odtąd stać się twoją codzienną praktyką. To świetny sposób na sprawdzenie, czy wiesz, co dokładnie i w jakim czasie chcesz osiągnąć oraz jaki efekt będzie dla ciebie zadowalający. Pora zatem, abyś przeszedł do nieco trudniejszych zagadnień.

Podsumowanie

1. Zarządzaj nie czasem, ale sobą w czasie.
2. Brak czasu nie istnieje. Każdy człowiek dysponuje taką samą jego ilością. Jeśli coś jest dla ciebie ważne, uda ci się to zrobić dzięki rozsądnemu planowaniu.
3. Zastanów się, jakie błędy popełniasz na co dzień, i postaraj się je wyeliminować.
4. Bierz na siebie tylko tyle obowiązków, ile będziesz w stanie udźwignąć. Lepiej zrobić mniej, ale z lepszymi rezultatami, niż więcej, ale bez wyraźnych efektów.
5. 20% wysiłku, jaki wkładasz w wykonanie jakiegoś zadania, przekłada się na 80% efektów. Wykorzystaj tę zasadę, by oszczędzić czas.
6. Rób tylko jedną rzecz naraz.
7. Określenie celu, który przyświeca twojemu działaniu, zmotywuje cię do pracy.
8. Twoje cele powinny być S.M.A.R.T.: konkretne, mierzalne, osiągalne, istotne i określone w czasie.

2.

Równowaga życiowa

Praca to nieodłączny element życia niemal każdego człowieka i niezwykle często to właśnie ona zajmuje najwięcej czasu. Warto jednak pamiętać o jednym. Pracujesz po to, żeby żyć, nigdy odwrotnie. Jeśli jesteś jedną z tych osób, która cały swój czas (również wolny) spędza w korporacji, nadeszła pora, by odpowiedzieć sobie na pytanie, co ma największe znaczenie w twoim życiu.

W czasach ciągłego pośpiechu i rywalizacji trudno zatrzymać się i rozważyć, na czym najbardziej ci zależy. Na karierze? Stabilizacji zawodowej? Tak, są to niewątpliwie czynniki gwarantujące poczucie bezpieczeństwa i spełnienia, ale… Po chwili zastanowienia większość osób pomyśli raczej o pielęgnowaniu związku, założeniu rodziny, dbałości o zdrowie lub rozwijaniu zainteresowań. To właśnie te rzeczy nadają sens życiu i czynią je piękniejszym. I z tego powodu zasługują, by poświęcać im dość czasu.

Kluczem do szczęścia jest umiejętność wypracowania równowagi między życiem zawodowym a prywatnym, czyli tzw. ***work-life balance***. Bez niej czerpanie radości z życia i efektywne wykorzystywanie czasu jest po prostu niemożliwe. Jeśli odnalezienie takiej równowagi w twoim życiu graniczy z cudem, koniecznie przeczytaj ten rozdział. Znajdziesz w nim podstawowe zagadnienia związane z *work-life balance*, w tym koncepcję ustalania priorytetów, a także opis idei *slow life*, sposoby radzenia sobie ze stresem oraz podstawy asertywności.

Ustal priorytety

Problem z ustaleniem priorytetów to jeden z najczęściej popełnianych błędów w zarządzaniu czasem. Często jest on wynikiem mylnego przekonania, że każde zadanie, którego się podejmujesz, jest tak samo ważne i z żadnego nie wolno ci zrezygnować. Zła wiadomość jest taka, że nie ma takiej możliwości, iż wystarczy ci czasu na wszystko. Istnieje pewna granica, powyżej której twoje rezerwy się wyczerpują, a branie na siebie kolejnych obowiązków wiąże się ze spadkiem jakości pracy.

W związku z tym każdy powinien umieć decydować, co może sobie odpuścić. Jak to zrobić? Podstawa to umiejętność określenia, co jest dla ciebie najważniejsze, i kierowanie się tym w codziennych wyborach. Jeśli coś znajduje się na ostatnim miejscu listy twoich priorytetów, nic dziwnego, że tak trudno wygospodarować ci na to choć odrobinę czasu. Może tak naprawdę nie ma w tobie nawet krztyny chęci, by zrealizować to zadanie, i dużo prościej będzie z niego zrezygnować?

Zapamiętaj

Nie musisz robić wszystkiego. Zamiast powtarzać niczym mantrę, że nie masz na nic czasu, uporządkuj swoje działania pod względem priorytetów. Dzięki temu bez trudu zrealizujesz to, co jest dla ciebie ważne. Za każdym razem, gdy poniesiesz porażkę przy wykonywaniu jakiegoś zadania, zastanów się, czy naprawdę było to coś, na czym ci zależało.

Rezygnowanie z części obowiązków nie dla wszystkich będzie zadaniem łatwym do wykonania. Szczególnie ambitnym osobom na pewno trudno sobie wyobrazić, że mogą odmówić wzięcia kolejnych nadgodzin w pracy albo odrzucić propozycję członkostwa w radzie rodziców w szkole swojego dziecka. Istnieje spora grupa ludzi, którzy zrobią to, nawet jeśli nie będą mieć na to najmniejszej ochoty. Brzmi znajomo? Głowa do góry! Mimo początkowych trudności ty również nauczysz się ustalania priorytetów i już wkrótce zaczniesz korzystać z tej umiejętności na co dzień.

Obowiązki a rola, jaką odgrywasz

Jedną z najlepszych metod, by określić priorytety, jest uszeregowanie obowiązków pod względem odgrywanych w życiu ról. Na czym to polega? Każdy pełni określone funkcje w społeczeństwie, jak np. matki/żony/córki, brata/syna/wnuka, pielęgniarki/sprzedawczyni/dyrektorki, członka koła literackiego/blogera/malarza. Określają one, kim jesteś w każdej sferze życia, z jakich praw możesz korzystać i jakie obowiązki na co dzień wypełniasz.

Do każdej z ról, jaką odgrywasz, można przypisać przynajmniej kilka różnych zadań. W przypadku bycia mamą należy do nich m.in. spędzanie czasu wolnego z dzieckiem, zarabianie na jego utrzymanie, przygotowywanie posiłków czy też pomaganie w odrabianiu prac domowych. Jeśli jest to najważniejsza z pełnionych przez ciebie funkcji, to niezależnie od tego, ile innych obowiązków spoczywa na twojej głowie, bycie rodzicem zepchnie je wszystkie na dalszy plan.

Zapoznaj się z poniższym przykładem, który dokładnie przedstawia koncepcję szeregowania obowiązków pod względem odgrywanych ról.

Przykład

Krzysztof jest zapracowanym człowiekiem. Spoczywa na nim wiele obowiązków związanych zarówno z pracą zawodową, jak i dbaniem o rodzinę. Od zawsze dużą trudność sprawiało mu określenie, czym powinien zająć się w pierwszej kolejności i co jest dla niego najważniejsze. Jakby tego było mało, w ostatnim czasie otrzymał propozycje podjęcia dodatkowych aktywności. Krzysztof jest ambitny i bez wahania zgodziłby się wziąć na siebie więcej obowiązków. Zdaje sobie jednak sprawę, że przepracowanie nie idzie w parze z wydajnością. Postanawia więc uszeregować poszczególne zadania pod względem ról, jakie odgrywa, i na tej podstawie określić swoje priorytety. Oto efekt jego rozmyślań:

Rola	**Zadania**	**Priorytet**
ojciec	▶ *spędzanie czasu wolnego z synem* ▶ *pomaganie w odrabianiu prac domowych* ▶ *odbieranie syna ze szkoły* ▶ *wspólne wędkowanie*	++++
mąż	▶ *spędzanie czasu wolnego z żoną* ▶ *pielęgnowanie związku* ▶ *comiesięczne wyjścia do teatru* ▶ *obowiązki domowe* ▶ ***propozycja:** zawożenie syna na zajęcia dodatkowe (karate, język angielski) i odbieranie go ze względu na podjęcie przez żonę pracy*	++++
nauczyciel akademicki – nauki biologiczne	▶ *codzienne przygotowywanie się do zajęć* ▶ *aktualizowanie swojej wiedzy, czytanie najnowszych artykułów* ▶ *udział w kursach poświęconych dydaktyce* ▶ ***propozycja:** zwiększenie etatu*	+++

wędkarz	▸ *weekendowe wypady na ryby raz w miesiącu* ▸ *dbanie o sprzęt do wędkowania* ▸ *lektura czasopisma wędkarskiego*	++
członek zarządu wspólnoty mieszkaniowej	▸ *udział w zebraniach zarządu* ▸ *głosowanie w sprawach ważnych dla mieszkańców (remonty, dbanie o zieleń)* ▸ ***propozycja:** objęcie funkcji przewodniczącego zarządu*	+

Krzysztof może dołączyć do swoich obowiązków trzy kolejne zadania: zawożenie syna na zajęcia dodatkowe i odbieranie go z nich, nauczanie w większym wymiarze godzin niż dotychczas oraz objęcie funkcji przewodniczącego zarządu wspólnoty mieszkaniowej. Jest świadomy, że jeśli chce się zmieścić ze wszystkim w czasie, musi z czegoś zrezygnować. Dzięki przyporządkowaniu zadań do ról, czarno na białym widzi, które z nich stanowią dla niego priorytet.

Najmniej ważne okazuje się członkostwo w zarządzie wspólnoty mieszkaniowej. Decyduje więc, że odmówi i nie zostanie jej przewodniczącym. Po pierwsze, mogłyby ucierpieć na tym pozostałe, dużo ważniejsze dziedziny jego życia. Po drugie, nie sprawdziłby się na tym stanowisku, bo nie poświęciłby tej funkcji wystarczającej uwagi. Niekorzystnie wpłynęłoby to na działanie całej wspólnoty.

Pełnienie funkcji przewodniczącego byłoby czasochłonne. Rezygnując z tego obowiązku, Krzysztof może teraz zająć się pozostałymi dwoma. Znajdzie czas na zawożenie syna na zajęcia dodatkowe kilka razy w tygodniu i chętnie zgodzi się na zwiększenie etatu. Te rzeczy są dla niego dużo ważniejsze.

99

Podporządkowywanie zadań, które realizujesz na co dzień, do konkretnych odgrywanych przez ciebie ról to narzędzie niezwykle użyteczne przy ustalaniu priorytetów. Patrząc na obowiązki z takiej perspektywy, dużo łatwiej będzie ci określić, co jest dla ciebie najważniejsze, i w razie potrzeby wyeliminować zbędne, nadmiernie obciążające cię aktywności.

Ćwiczenie

Przeanalizuj dokładnie powyższy przykład i na jego podstawie uszereguj swoje obowiązki pod względem funkcji, jakie pełnisz w społeczeństwie. Możesz stworzyć podobną tabelę, jeśli ułatwi ci to uporządkowanie myśli. Dzięki takiemu przedstawieniu czynności, które wykonujesz na co dzień, określenie, co jest twoim priorytetem, stanie się dla ciebie dużo prostsze. Wówczas możesz już swobodnie zacząć kierować się tym w swoich codziennych wyborach – w pierwszej kolejności i z największym poświęceniem robić to, co jest dla ciebie najważniejsze.

Macierz Eisenhowera

Wiadomo, że są pewne sprawy bardziej istotne od innych. Jednak oprócz ważności istnieje jeszcze jedno pojęcie, które jest przynajmniej tak samo, a niekiedy nawet bardziej istotne – pilność, czyli określenie, czy dany obowiązek powinien zostać wykonany w trybie natychmiastowym, czy też może jeszcze trochę poczekać.

Z pewnością czasem ci się zdarzało, że z powodu nadmiaru różnych zobowiązań i naglących terminów zupełnie nie wiedziałeś, od czego zacząć. W głowie kłębiły się dziesiątki myśli, byłeś spięty i zestresowany, a zadań ciągle przybywało. W takiej chwili najlepiej ustalić nie tylko to, które z nich są najważniejsze, lecz także to, które mają status pilnych. To jedyny sposób umożliwiający rozsądne rozplanowanie kolejności wykonywanych czynności. Choć z pozoru może się to wydawać trudne, na pomoc przychodzi niezwykle użyteczne narzędzie – macierz Eisenhowera[3]. Jest to matryca w formie układu współrzędnych lub tabeli, która pozwala przyporządkować zadania do jednej z czterech grup.

Ciekawostka

Nazwa macierzy podchodzi od nazwiska 34. prezydenta Stanów Zjednoczonych Dwighta Eisenhowera. Inspiracją do powstania tej metody stały się wypowiedziane przez niego słynne słowa: „*What is important is seldom urgent and what is urgent is seldom important*"[4]. Zdanie to można przetłumaczyć na język polski jako: „To, co ważne, rzadko bywa pilne, a to, co pilne, rzadko bywa ważne".

---

[3] Informacje na temat macierzy Eisenhowera znajdziesz także w: Brett McKay, Kate McKay, *The Eisenhower Decision Matrix: How to Distinguish Between Urgent and Important Tasks and Make Real Progress in Your Life*, „A Man's Life, Personal Development", 2013, www.artofmanliness.com/2013/10/23/eisenhower-decision-matrix/; Drake Baer, *Dwight Eisenhower Nailed a Major Insight About Productivity*, „Business Insider", 2014, www.businessinsider.com/dwight-eisenhower-nailed-a-major-insight-about-productivity-2014-4?IR=T. Dostęp do wszystkich stron internetowych przywołanych w książce na dzień 16.05.2017 r.

[4] Garson O'Toole, *Category Archives: Dwight D. Eisenhower*, „Quote Investigator", 2014, www.quoteinvestigator.com/category/dwight-d-eisenhower/.

	Ważne	Nieważne
Pilne	1 Są to wszystkie czynności, których niewykonanie może powodować nieprzyjemne konsekwencje, a także kumulację obowiązków. Dodatkowo rzeczy te są ważne z punktu widzenia np. twoich marzeń lub celów długofalowych. **Zrób natychmiast.**	3 To rzeczy, które nie są dla ciebie ważne na żadnej płaszczyźnie, ale powinieneś wykonać je możliwie jak najszybciej. Najlepiej zająć się nimi zaraz po wykonaniu rzeczy bardziej istotnych lub zlecić zrobienie ich komuś innemu. **Zrób w następnej kolejności/oddeleguj.**
Niepilne	2 To zadania istotne z punktu widzenia twoich dalekosiężnych celów, ale nie trzeba zrobić ich „na już". Można je więc rozłożyć na dłuższy okres lub wykonywać sukcesywnie. To właśnie im powinieneś poświęcać najwięcej uwagi. **Zdecyduj, kiedy zrobisz.**	4 To czynności, których nie trzeba wykonywać natychmiast i jednocześnie takie, które nie wnoszą żadnej realnej korzyści do twojego życia. Można odłożyć je na dalszy plan, a w niektórych przypadkach nawet zupełnie odrzucić. **Ignoruj.**

Na następnej stronie znajduje się jeden z możliwych sposobów przedstawienia matrycy Eisenhowera wraz z wypisanymi grupami czynności, które powinny znaleźć się w każdym z pól.

	Ważne	Nieważne
Pilne	▸ sytuacje kryzysowe (np. zepsuł ci się samochód i trzeba oddać go do naprawy) ▸ zbliżające się terminy (np. za dwa dni musisz oddać szefowi projekt nowego logo firmy) ▸ problemy (np. wychowawca ze szkoły syna prosi cię o spotkanie w sprawie złego sprawowania dziecka)	▸ przerywniki (np. mama dzwoni do ciebie z prośbą o przysługę lub wpada do ciebie znajoma z niezapowiedzianą wizytą) ▸ naglące sprawy (np. dostałeś awizo i musisz odebrać list polecony z poczty)
Niepilne	▸ wzmacnianie relacji z ludźmi (np. codziennie jesz wspólną kolację z rodziną) ▸ planowanie przyszłości (np. urlop i nadchodzące ferie zimowe) ▸ rozwój osobisty (np. regularna aktywność fizyczna – co tydzień chodzisz na basen)	▸ dystraktory i pożeracze czasu (np. bez celu i przez wiele godzin przeglądasz strony internetowe lub siedzisz przed telewizorem)

Zwróć uwagę, że oprócz podzielenia zadań według ważności i pilności macierz spełnia również inną funkcję. Pokazuje, z których aktywności możesz zupełnie zrezygnować (nieważne i niepilne), a które jesteś w stanie delegować na inne osoby (nieważne i pilne). Ponieważ nie da się zrobić w życiu wszystkiego, nie wahaj się skorzystać z tych wskazówek.

Ćwiczenie

Przyjrzyj się przedstawionej powyżej macierzy Eisenhowera, a następnie stwórz własną. Pomyśl o jutrzejszym dniu i wypisz na kartce wszystkie zadania, które chcesz zrealizować. Następnie każde z nich dopasuj do odpowiedniego pola w tabeli. Jutro zajmij się poszczególnymi aktywnościami w następującej kolejności:

ważne i pilne → ważne i niepilne → nieważne i pilne → nieważne i niepilne

Dzięki zastosowaniu tej metody uda ci się rozwiązać problem z określeniem ważności i pilności zadań.

Work-life balance

Wiesz już, że kluczem do szczęścia i poczucia spełnienia jest umiejętność wypracowania równowagi między życiem zawodowym a osobistym, czyli tzw. *work-life balance*[5].

Celem tej koncepcji jest rozsądne podzielenie czasu pomiędzy aktywności związane z pracą zawodową a sferę prywatną. Podstawową korzyścią płynącą z zastosowania tego modelu jest odnalezienie stabilizacji w życiu codziennym i przeciwdziałanie takim niekorzystnym zjawiskom jak przepracowanie, a co za tym idzie – również wypalenie zawodowe.

---

[5] Więcej na temat *work-life balance* przeczytasz w: Abigail Gregory, Susan Milner, *Work-Life Balance: A Matter of Choice?*, „Gender, Work & Organization", nr 16(1)/2009, s. 1–13, artykuł jest dostępny również w wersji elektronicznej: www.onlinelibrary.wiley.com/doi/10.1111/j.1468-0432.2008.00429.x/full.

Przykład

66

Monika jest analitykiem danych w niedawno otwartej filii dużego banku. Bardzo lubi swój zawód. Przez ostatnie lata ciężko pracowała, by osiągnąć obecny poziom wiedzy. Brała udział w wielu zagranicznych kursach i praktykach. Jest kompetentna i profesjonalna. Jednak warunki jej pracy są dalekie od ideału. Szef Moniki wymaga od niej odbierania telefonów i maili nawet wtedy, gdy ta jest już w domu. Często musi zostawać w pracy dłużej, niż wynika to z wymiaru jej etatu. Niekiedy zdarza się, że jest zmuszona poprawiać swoje projekty i analizy także w czasie wolnym, np. w weekendy. Szef twierdzi, że „przecież wszyscy tak pracują", i w swoim zespole chce widzieć tylko w pełni dyspozycyjne osoby. Jak łatwo można się domyślić, równowaga między życiem zawodowym a prywatnym Moniki jest poważnie zaburzona. Kobieta nie ma czasu dla męża i przyjaciół. Nie pamięta już, kiedy miała choćby chwilę tylko dla siebie. Nawet jeśli w danym momencie nie pracuje, jej myśli nieustannie krążą wokół realizowanych projektów, a co kilka godzin niemal odruchowo sprawdza skrzynkę mailową. Żyje pod ciągłą presją, a praca, którą kiedyś tak lubiła, staje się dla niej coraz mniej satysfakcjonująca. Co może zrobić w tej sytuacji?

Rozwiązanie nr 1

Monice bardzo zależy na pracy w banku i obawia się, że wyrażając głośno swoje zdanie, może narazić się na zwolnienie. Trudno jej spojrzeć obiektywnie na swoje kompetencje i nie wierzy, że mogłaby znaleźć pracę gdzie indziej. Nawet nie podejmuje takiej próby. Zamiast tego zaciska zęby i wciąż powtarza sobie, że musi to jakoś wytrzymać. Jednak z tygodnia na tydzień Monika czuje się coraz bardziej zmęczona i przygnębiona, aż w końcu traci resztki zapału do pracy, o któ-

rej marzyła przez wiele lat. Przychodzi do biura niechętnie, a wykonywanie kolejnych poleceń staje się dla niej męczarnią. Jej życie rodzinne legło w gruzach, a przyjaciele już od dawna się do niej nie odzywają.

Rozwiązanie nr 2
Monice bardzo zależy na posadzie w banku, ale zdaje sobie sprawę, że w każdej chwili może zacząć szukać nowej pracy. Zdobyła wystarczające kompetencje, by mieć pewność, że ją znajdzie. Postanawia więc wziąć sprawy w swoje ręce i porozmawiać z szefem. Jest pełna obaw, ale mimo wszystko robi to, wiedząc, że ta rozmowa wyjdzie jej na dobre. Ma już dosyć poświęcania prywatnego czasu. Najgorszy z możliwych scenariuszy to zwolnienie z pracy, a z tym jakoś sobie poradzi. Umawia się więc z przełożonym na spotkanie i przedstawia mu swoje uwagi. Okazuje się, że jest pierwszą osobą w historii firmy, która odważyła się jasno wyznaczyć granice. Szef docenia to i choć nadal oczekuje od niej dużego zaangażowania, zgadza się, by czas wolny Moniki pozostał wyłącznie dla niej. Od tej pory jej życie nabiera koloru. Kobieta odzyskuje utracony balans pomiędzy życiem prywatnym a zawodowym. Codziennie rano wstaje z uśmiechem na twarzy i ponownie czerpie radość z pracy.

99

W drugim scenariuszu Monika nie zgodziła się na warunki dyktowane przez szefa, podjęła ryzyko i osiągnęła sukces. Było to najlepsze wyjście w jej sytuacji. Oczywiście historia ta mogła potoczyć się zupełnie inaczej. Łatwo sobie wyobrazić alternatywną wersję, w której szef nie potrafi docenić szczerości Moniki i obstaje przy swojej wizji zespołu. Zwalnia ją i szuka na jej miejsce pracownika, który nie będzie przeciwny takim warunkom pracy.

Bez wątpienia Monika znalazłaby się wówczas w mało komfortowym punkcie swojego życia. Miała jednak wybór i nie musiała godzić się na to, co ją spotykało. Choć na początku nie byłoby to łatwe, to dzięki swoim kompetencjom na pewno udałoby jej się znaleźć inną pracę. Nawet jeśli ktoś nie miałby tak wysokich kwalifikacji jak Monika, mógłby najpierw starać się je podnosić i zdobywać doświadczenie, uczestnicząc w różnych kursach lub praktykach. Wszystko po to, by ostatecznie pracować w takich warunkach, które pozwalają na realizowanie się w pozostałych dziedzinach życia.

Oczywiście są osoby, dla których tryb pracy odrzucony przez Monikę jest akceptowalny, a nawet pożądany. Jeśli najbardziej w życiu zależy ci na karierze i nie masz nic przeciwko przynoszeniu pracy do domu – w porządku. Ważne, żeby była to twoja w pełni świadoma decyzja. Każdy człowiek jest inny i dla każdego odnalezienie równowagi w życiu będzie oznaczać coś innego. Jeżeli naprawdę zależy ci na osiąganiu kolejnych szczebli kariery – bez wahania realizuj to marzenie. Nie robiąc tego, o czym marzysz, narażasz się na niezadowolenie z życia i zgorzknienie. Jeżeli zaś pragniesz jednocześnie założyć rodzinę i mieć czas dla bliskich, na pewno da się to zrobić. Tempo rozwoju twojej kariery prawdopodobnie osłabnie i więcej czasu zajmie ci osiągnięcie stabilnej pozycji na rynku pracy, ale ostatecznie ci się uda.

Wybierz

Oprócz zachowywania równowagi między różnymi sferami życia dobrze jest też zadbać o nią w obrębie każdej z nich. Może się zdarzyć, że znajdziesz wystarczającą ilość czasu na życie prywatne, ale już trudniej będzie ci wykorzystać go w satysfakcjonujący sposób. Przykładowo, zamiast się wyspać i wypocząć przed ciężkim dniem w pracy, ugotujesz obiad dla całej rodziny, posprzątasz mieszkanie, pójdziesz z dzieckiem na spacer, a na koniec wyjdziesz ze znajomymi do kawiarni. Będziesz tak pochłonięty próbą maksymalnego wykorzystania czasu wolnego, że umknie ci, jak ważne są te momenty, które poświęcasz tylko sobie (np. na relaksującą kąpiel albo czytanie książki przed snem). Podobnie, jeśli obecnie całe twoje życie skupia się na sferze prywatnej (np. jesteś na urlopie wychowawczym), możesz mieć trudności z jej zrównoważeniem.

Przykład

Dwa miesiące temu Ewa została mamą. Od tej pory jej życie znacząco się zmieniło. Nie pamięta już takiej nocy, którą przespałaby w całości. Większość dnia zajmuje jej opieka nad dzieckiem. Jest szczęśliwa, ale jednocześnie niewyobrażalnie zmęczona. Kiedy udaje jej się wreszcie uśpić synka, rozgląda się po domu i zauważa bałagan. Powinna zrobić pranie, wyprasować stertę ubrań i odkurzyć podłogę w mieszkaniu. Mimo to postanawia wykorzystać ten czas na regenerującą drzemkę – dziecko niedługo się obudzi, a wtedy wszystko zacznie się od nowa. Ewa uznaje zatem, że domowe obowiązki nie uciekną. Zajmie się nimi później i poprosi o pomoc mamę.

Jak widać na powyższym przykładzie, umiejętne gospodarowanie czasem prywatnym to rzecz bezcenna. Dla młodej mamy, która nie może znaleźć chwili na sen lub odpoczynek, dokładne wysprzątanie mieszkania z pewnością nie jest czynnością priorytetową. Taki obowiązek można śmiało przekazać innemu członkowi rodziny albo zmienić przyzwyczajenia i zamiast dwa razy w tygodniu sprzątać tylko raz. Świat się przez to nie skończy, a ty zyskasz dzięki temu nieco czasu. Wniosek jest prosty – w uzasadnionych przypadkach odłożenie czegoś na później może być korzystne dla komfortu psychicznego. Postaraj się jednak tego nie nadużywać.

Zrównoważ swój tydzień

Myśląc o rozsądnym zrównoważeniu życia, uważaj, żeby nie popadać w skrajności. To częsty błąd, zwłaszcza na wczesnych etapach nauki zarządzania czasem. Chcesz wpleść w każdą dobę wszystkie elementy swojego życia zawodowego i prywatnego? Niestety, najprawdopodobniej nic z tego nie wyjdzie. Zamiast myśleć o zrównoważeniu każdego dnia, spójrz na czas z perspektywy tygodnia lub nawet miesiąca. To oczywiste, że w poniedziałek nie skończysz artykułu, który miałeś napisać do czasopisma, wyjść na plac zabaw z dzieckiem i zjeść romantycznej kolacji z żoną. Jeśli mimo wszystko spróbujesz wykonać ten ambitny plan, zapewne ucierpi na tym jakość kontaktu z bliskimi albo efektywność pracy.

Zapamiętaj

Nie musisz żyć w idealnej równowadze każdego dnia. Lepszym pomysłem będzie rozplanowanie wszystkich zawodowych i pozazawodowych aktywności w perspektywie tygodnia. Wówczas masz do dyspozycji nie 24 godziny, a 168 godzin. Robi wrażenie, prawda? Jeśli jednego dnia zostaniesz kilka godzin dłużej w pracy, być może następnego będziesz mógł wyjść wcześniej i spędzisz całe popołudnie z rodziną. Część twoich zamiarów, zwłaszcza tych większych lub bardziej ambitnych, możesz planować też w perspektywie miesiąca, a nawet roku.

Oto prosty przykład planowania aktywności związanych z życiem zawodowym i osobistym w perspektywie dłuższego czasu (tygodnia lub miesiąca):

- Dwa dni w tygodniu zostaję w pracy dłużej, by skończyć wszystkie rozpoczęte projekty/Wpisuję się na drugą zmianę/Dyżuruję.
- Dwa popołudnia w tygodniu wychodzę z dzieckiem na spacer/do kina/na plac zabaw.
- Dwa wieczory spędzam tylko z partnerem (np. na wspólnym oglądaniu filmów).
- Trzy razy w tygodniu minimum przez 30 minut uprawiam sport (np. pływam lub biegam).
- Jedno popołudnie w tygodniu poświęcam hobby (np. czytam książki przygodowe).
- W jeden weekend w miesiącu wyjeżdżam gdzieś dalej z rodziną (np. nad jezioro lub do jednego z polskich miast).

Ćwiczenie

Korzystając z zamieszczonego powyżej przykładu, postaraj się rozdzielić czynności związane z różnymi sferami życia na poszczególne dni tygodnia. Możesz również pokusić się o zaplanowanie większych inicjatyw w perspektywie miesiąca lub nawet roku. Zapisz swój ramowy plan na kartce i spróbuj wprowadzić go w życie w ciągu najbliższych kilku tygodni. Przekonasz się, że równomierne podzielenie swoich codziennych aktywności na 168 lub więcej godzin to zdecydowanie lepszy pomysł niż usilne starania, by zrobić wszystko w ciągu jednej doby.

Idea *slow life*

Pojęciem silnie związanym z modelem *work-life balance* jest idea *slow life*. Wraz z rozwojem nowych technologii i niezliczonymi możliwościami, jakie pojawiły się przed ludźmi, życie nabrało tempa. Wszyscy starają się wykorzystywać czas do maksimum, niejednokrotnie zapominając o odpoczynku. Ciągły pośpiech odbija się z kolei negatywnie na zdrowiu, zarówno fizycznym, jak i psychicznym. Praca w zabójczym tempie, brak snu i spożywanie wysoko przetworzonych produktów typu *fast food* to zaledwie kilka przykładów nie tylko szkodliwych dla ogólnej kondycji psychofizycznej człowieka, lecz także znacząco obniżających jakość jego funkcjonowania. Na szczęście w ostatnich latach coraz częściej słyszy się o tzw. idei *slow life*[6], będącej przeciwieństwem życia w pośpiechu.

Koncepcja ta zakłada, że od pogoni za karierą i pieniędzmi ważniejsze są czas spędzany z najbliższymi, rozwój osobisty czy wypoczynek. Należy czerpać z życia to, co w nim najlepsze, i delektować się każdą chwilą.

Człowiek, który wyznaje ideę *slow life*:

- rezygnuje z jedzenia fast foodów i przygotowuje dania samodzielnie;
- korzysta ze zdrowych produktów spożywczych (w tym świeżych warzyw i owoców kupowanych od rolników);
- celebruje posiłki (niedzielne obiady w rodzinnym gronie);

---

[6] Więcej na temat idei *slow life* przeczytasz m.in. w: Carl Honoré, *Pochwała powolności. Jak zwolnić tempo i cieszyć się życiem*, tłum. Krzysztof Umiński, Drzewo Babel, Warszawa 2012; Wendy Parkins, *Out of Time: Fast Subjects and Slow Living*, „Time & Society", nr 13(2–3)/2004, s. 363–382.

- rezygnuje z prowadzenia samochodu na rzecz jeżdżenia rowerem lub spacerów;
- spędza czas na łonie natury (wycieczki do lasu, wyjazdy na wieś lub w góry);
- dba o relacje z ludźmi (spotkania, rozmowy, wspólne oglądanie zdjęć lub wyjazdy za miasto);
- nie korzysta ze służbowego telefonu komórkowego lub komputera w czasie wolnym;
- porzuca wyczerpującą i nieprzynoszącą satysfakcji pracę (np. w korporacji).

Idea *slow life* nie polega na wykonywaniu wszystkich czynności najwolniej jak się da, lecz w odpowiednim tempie. Poświęcaj codziennym aktywnościom dokładnie taką ilość czasu, która zapewnia wykonanie ich na najwyższym poziomie. W działaniu staraj się kierować przede wszystkim jakością, a nie ilością.

Oczywiście szybkie tempo samo w sobie nie jest niczym złym i w niektórych przypadkach bywa nawet wskazane. Dobrze jest korzystać z takich możliwości współczesnej technologii jak zakupy online, opłacanie rachunków przez internet lub odnajdywanie informacji na dowolny temat w zaledwie kilka minut. Są to bez wątpienia cudowne sposoby na zaoszczędzenie czasu, który dzięki temu możesz poświęcać rzeczom dużo bardziej dla ciebie istotnym.

Zapamiętaj

Jeśli czujesz, że przez ciągły pośpiech życie przecieka ci przez palce, nie cieszysz się codziennością i nie potrafisz nawet przypomnieć sobie, co robiłeś tydzień temu – najwyższa pora się zatrzymać. Zwolnij. Zastanów się, czy styl życia, jaki prowadzisz, naprawdę ci odpowiada. Czujesz, że coś jest nie tak? Nie wahaj się tego zmienić. Weź sobie do serca ideę *slow life* i zacznij żyć świadomie. Ciesz się czasem spędzanym z rodziną, rób to, co cię rozwija i co jest dla ciebie ważne. Postaraj się odnaleźć własne tempo, przy którym zachowasz komfort psychiczny.

Na co zawsze warto mieć czas?

Istnieją setki spraw, których realizowanie zależy wyłącznie od ciebie. Niewykonanie ich nie wiąże się z żadną realną szkodą i tylko ty decydujesz, czy chcesz się nimi zająć. Wśród tych aktywności są jednak takie, na które zawsze powinieneś znaleźć czas. Chodzi o rzeczy niezbędne do zachowania zdrowia fizycznego i równowagi psychicznej. Niezależnie od tego, ile czynności wykonujesz codziennie, naprawdę dobrze jest o nich pamiętać. Dlaczego? Bez ich regularnego wykonywania szybko może się okazać, że nie wystarcza ci siły lub brakuje motywacji, by realizować pozostałe ambitne plany i marzenia.

Poniżej znajdziesz krótki niezbędnik, zawierający zestawienie pięciu czynności, na które zawsze trzeba mieć czas. Każda z nich została opisana pod względem korzyści z ich regularnego wykonywania. Postaraj się zapamiętać tę listę lub wpisać do notatnika i korzystać z niej tak często, jak to tylko możliwe.

Niezbędnik

1. Sen

Zdrowa ilość snu jest niezbędna do prowadzenia produktywnego stylu życia. To powszechnie znana prawda, a mimo to wielu ludzi ją lekceważy. Jeśli uważasz, że cztery godziny wystarczą, by zregenerować siły przed kolejnym trudnym dniem, to się mylisz. Śpiąc za krótko, pozbawiasz się szansy na wypoczynek i nie masz możliwości podejść do kolejnych zadań ze świeżym umysłem i silnym ciałem. Szybko prowadzi to do błędnego koła. Śpisz mało, a potem wypijasz kilka kaw lub napojów energetycznych, by dotrwać do końca dnia. Substancje tego typu działają krótko: potężny zastrzyk energii, mobilizacja sił, a potem nagle – jak za dotknięciem czarodziejskiej różdżki – moc mija. Po takim zrywie czujesz się jeszcze bardziej zmęczony niż wcześniej. Wieczorem trudno ci zasnąć po zbyt dużej dawce kofeiny przyjętej w ciągu dnia i koło się zamyka – znowu śpisz za krótko, a jakość snu pozostawia wiele do życzenia.

Dlaczego zawsze warto mieć czas na sen? Odpowiedź jest oczywista. Gdy jesteś niewyspany, wykonanie każdej czynności trwa kilka razy dłużej, niż gdybyś robił to wypoczęty. Wymagające zadania lub trudne przemyślenia staną się wręcz niewykonalne. W większości przypadków zadbanie o higienę snu przyniesie więc pożądany skutek – oszczędność czasu i wykorzystywanie go w bardziej produktywny sposób.

Ciekawostka

Idealna dawka snu dla dorosłego człowieka zależy od wielu czynników, takich jak uwarunkowania genetyczne, wiek czy płeć[7].

[7] Marek Jarema, Jolanta Rabe-Jabłońska, *Psychiatria. Podręcznik dla studentów medycyny*, Wydawnictwo Lekarskie PZWL, Warszawa 2015, s. 289–314.

Przykładowo, u mężczyzn można zaobserwować stopniowe zmniejszenie się długości snu głębokiego już od 20. roku życia. U kobiet natomiast ilość ta jest względnie stała tak długo, jak długo mają regularny cykl miesiączkowy. Po tym czasie występuje u nich zwykle skokowe pogorszenie jakości snu, a nawet bezsenność. Pomimo tych różnic można przyjąć, że przeciętna dawka snu potrzebna dorosłemu człowiekowi wynosi 7–8 godzin[8]. Warto pamiętać, że zarówno sen za krótki, jak i za długi mogą nieść ze sobą poważne konsekwencje zdrowotne w postaci np. zwiększonego ryzyka wystąpienia chorób sercowo-naczyniowych (głównie nadciśnienia) lub cukrzycy.

Oprócz długości snu niebagatelne znaczenie ma również jego jakość. Nawet jeśli kładziesz się do łóżka o rozsądnej porze, istnieje wiele czynników, które mogą wpłynąć negatywnie na czas twojego wypoczynku. Zwykle opóźniają one zapadnięcie w sen lub powodują, że co chwilę się wybudzasz, a rano wstajesz z poczuciem jeszcze większego zmęczenia niż przed zaśnięciem. Aby tego uniknąć, warto trzymać się kilku zasad dotyczących właściwej higieny snu[9] (o których poniżej). Nie ma jednoznacznych badań na temat tego, które z nich są najważniejsze. Ale jedno jest pewne

---

[8] Gonzalo G. Alvarez, Najib T. Ayas, *The Impact of Daily Sleep Duration on Health: A Review of the Literature*, „Progress in Cardiovascular Nursing", nr 19(2)/2004, s. 56–59.

[9] *Insomnia: Relaxation Techniques and Sleeping Habits*, Informed Health Online, 2017, www.ncbi.nlm.nih.gov/pubmedhealth/PMH0072504/; Leah A. Irish, Christopher E. Kline, Heather E. Gunn, Daniel J. Buysse, Martica H. Hall, *The Role of Sleep Hygiene in Promoting Public Health: A Review of Empirical Evidence*, „Sleep Medicine Reviews", nr 22/2015, s. 23–36, www.ncbi.nlm.nih.gov/pmc/articles/PMC4400203/.

– jeśli będziesz je stosował codziennie wieczorem, mogą znacząco poprawić jakość twojego snu.

- Unikaj picia alkoholu, kawy, herbaty lub innych używek przez przynajmniej cztery godziny przed snem.
- Nie pal papierosów przed snem lub w nocy.
- Unikaj obfitych i ostro przyprawionych potraw w godzinach wieczornych.
- Zapewnij sobie odpowiednią ilość aktywności fizycznej w ciągu dnia, ale unikaj forsownych ćwiczeń tuż przed snem.
- Wycisz się przed snem i unikaj silnych bodźców (nie odpowiadaj na maile lub wiadomości, nie przeglądaj stron internetowych).
- Zadbaj o odpowiednie warunki snu: cichą i ciemną sypialnię, optymalną temperaturę powietrza.
- Wstawaj codziennie rano o regularnej porze.

Zapamiętaj

Nie traktuj snu jako luksusu, na który mogą sobie pozwolić mniej zapracowani od ciebie ludzie. To przecież niezbędna składowa zdrowego i produktywnego stylu życia. Jeśli chcesz mieć dobry humor, pracować wydajniej, myśleć szybciej i tym samym oszczędzić czas, zadbaj o odpowiednią ilość snu każdej nocy. To dużo lepszy sposób na zapewnienie organizmowi zastrzyku energii i siły do działania niż kolejne dawki kofeiny, które działają na krótko.

2. Aktywność fizyczna

Czujesz się ociężały? Masz problemy z koncentracją? Starasz się wysypiać, ale jesteś zmęczony i większą część dnia najchętniej spędziłbyś, leżąc na kanapie? Jedną z przyczyn takiego stanu rzeczy może być brak wysiłku fizycznego w twoim życiu. Bez wątpienia jest to jedna z tych czynności, na którą zawsze warto znaleźć czas.

Zastanawiasz się pewnie, ile aktywności fizycznej potrzebujesz. Według najnowszych wytycznych[10] każdy człowiek powinien poświęcić minimum 30 minut na wysiłek o umiarkowanej intensywności pięć razy w tygodniu, by zachować zdrowie fizyczne i psychiczne. Przykłady takiej aktywności to np. taniec, trucht, aerobik w wodzie, ale też koszenie trawy lub sprzątanie domu czy mieszkania.

Brzmi bardzo dobrze, ale nie dla każdego jest to wykonalne. Pół biedy, jeśli twoje zainteresowania mają związek ze sportem, np. w wolnym czasie lubisz się wspinać, uprawiać jogging albo chodzić na basen. Wtedy wyrobienie 30-minutowej normy pięć razy w tygodniu nie będzie dla ciebie problemem. Ale co, jeśli wysiłek fizyczny to ostatnia rzecz, na którą masz ochotę, a po ciężkim tygodniu pracy najchętniej zagłębiłbyś się w lekturze ulubionej książki? Na szczęście istnieją sposoby, aby wpleść aktywność fizyczną nawet do najbardziej napiętego grafiku.

Każda okazja do podjęcia wysiłku jest dobra dla organizmu. Nie masz 30 minut? Nie szkodzi! Wystarczy 20, 15 lub nawet 10, by wprowadzić zmiany w swoim życiu. Ilość czasu, jaką poświęcisz

---

10 *Wytyczne ESC dotyczące prewencji chorób układu sercowo-naczyniowego w praktyce klinicznej w 2016 roku*, „Kardiologia Polska", nr 74(9)/2016, s. 821–936, www.ptkardio.pl/Wytyczne_ESC_dotyczace_prewencji_chorob_ukladu_sercowo_naczyniowego_w_praktyce_klinicznej_w_2016_roku-2659. Autorami wytycznych są przedstawiciele 10 towarzystw medycznych i zaproszeni eksperci.

na treningi, zależy tylko od ciebie i od tego, jak rozplanujesz swój dzień.

Ciekawostka

Okazuje się, że 15 minut wysiłku o dużej intensywności pięć razy w tygodniu wystarczy, by pozytywnie wpłynąć na zdrowie. Ilość ta jest tak samo skuteczna jak wspomniane wyżej 30 minut aktywności o umiarkowanym natężeniu. Według Europejskiego Towarzystwa Kardiologicznego taki systematyczny wysiłek fizyczny może zmniejszyć ryzyko zgonu z powodu chorób układu sercowo-naczyniowego nawet o 1/3 wartości wyjściowej. Przykłady aktywności o dużej intensywności to jogging, pływanie, jazda na rowerze, a nawet przekopywanie ogródka. Równie skuteczne jest łączenie wysiłków o umiarkowanej i dużej intensywności w sesje trwające powyżej 10 minut.

Pora więc skończyć z wymówkami. W internecie pełno jest schematów dotyczących poprawnego wykonywania ćwiczeń, a nawet filmów instruktażowych z wieloma ciekawymi wariantami treningów. Wniosek? Nie potrzebujesz ani dużej ilości czasu, ani pieniędzy na drogie karnety do klubów fitness lub siłowni. Wystarczy kilkanaście minut dziennie, kawałek podłogi i wygodne buty. Dobrym pomysłem jest również wykorzystanie przerwy w pracy na wyjście do pobliskiego parku na spacer. W ten sposób zapewnisz sobie wysiłek fizyczny (np. przemierzając park szybkim marszem lub biegnąc truchtem), a jednocześnie będziesz mógł pooddychać świeżym powietrzem.

Aktywność fizyczna to niezastąpiony sposób, by wspomóc funkcjonowanie mózgu. Jeśli na co dzień pracujesz umysłowo, to już po kilku dniach zaczniesz wyczekiwać tych chwil poświęconych ćwiczeniom i doceniać ich regenerującą moc. Wysiłek fizyczny działa niczym reset skomplikowanego systemu, jakim jest twój mózg. Pozwala zapomnieć o problemach, a później pomaga spojrzeć na nie z innej perspektywy i szybciej rozwiązać. Poprawia też humor i zmniejsza poziom stresu. Spróbuj, a sam się przekonasz, jak duży wpływ na twoje życie może mieć zaledwie kilkanaście minut systematycznie wykonywanych ćwiczeń.

3. Zbilansowana dieta

W obecnych czasach wystarczy jedno połączenie telefoniczne, by po chwili otrzymać posiłek dowieziony do niemal każdego miejsca. Wiele osób korzysta z tej możliwości, ponieważ pozwala oszczędzać czas. Taki styl życia nierzadko powoduje, że ludzie nie zwracają uwagi na jakość posiłków. Zamiast pełnowartościowego obiadu zjadają ze współpracownikami kilka kawałków pizzy, a na drugie śniadanie słodką bułkę popijaną kawą z automatu. Efekt? Pogorszenie kondycji psychofizycznej, spadek koncentracji i przyrost masy ciała. To zaledwie kilka negatywnych skutków powodowanych przez złe nawyki żywieniowe.

Ciekawostka

Zdrowe, odpowiednio zbilansowane posiłki to coś, czego potrzebujesz, by być silnym, wydajnym i skoncentrowanym na codziennych obowiązkach. Według najnowszej wersji Piramidy Zdrowego Żywienia i Aktywności Fizycznej[11]

---

[11] *Piramida Zdrowego Żywienia i Aktywności Fizycznej*, Instytut Żywności i Żywienia im. prof. dra med. Aleksandra Szczygła, 2016, http://www.izz.waw.pl/pl/zasady-prawidowego-ywienia.

podstawę diety powinny stanowić warzywa i owoce w odpowiedniej proporcji (warzywa 3/4, owoce 1/4), a zaraz po nich pełnoziarniste produkty zbożowe. Na następnych szczeblach piramidy umieszczono kolejno: mleko i nabiał, ryby, drób, jaja i rośliny strączkowe oraz oleje roślinne. Niezwykle ważne jest również spożywanie owoców i orzechów zamiast słodyczy oraz zastępowanie soli ziołami. Zdrowa dieta oznacza także regularne spożywanie posiłków oraz picie wody w ilości przynajmniej 1,5 l na dzień.

Jak dbać o zdrową dietę? Kupuj produkty spożywcze ze sprawdzonych źródeł, czytaj etykiety, przygotowuj różnorodne posiłki i staraj się przyrządzać je samodzielnie. Dodatkowymi korzyściami płynącymi z gotowania w domu są zaoszczędzone pieniądze oraz możliwość przygotowywania potraw wspólnie z bliskimi, czyli wykorzystywanie tej okazji do spędzania razem czasu. Nawet jeśli nie uda ci się to codziennie, nic nie szkodzi. W inne dni również możesz zadbać o swoją dietę.

Obecnie na rynku istnieje wiele firm cateringowych oferujących dostawę zdrowych obiadów, a nawet śniadań czy kolacji w dowolnie wybrane miejsce (np. do pracy). Możesz z wyprzedzeniem skomponować swoje posiłki lub wybrać rodzaj diety, który najbardziej ci odpowiada. Potem wystarczy już tylko cieszyć się codziennymi dostawami zdrowych potraw. Pamiętaj, że zawsze masz wybór. Każdy moment jest dobry, by zrezygnować z wysoko przetworzonych produktów typu *fast food* na rzecz zdrowej, odpowiednio zbilansowanej diety.

4. Badania lekarskie

Wyobraź sobie, że od jakiegoś czasu dokucza ci drobna dolegliwość i wiesz, że powinieneś skonsultować swoje objawy ze specjalistą. Z niewiadomego powodu jednak zwlekasz. Tydzień, miesiąc, pół roku, a nawet kilka lat. Jeśli objawy same ustąpią, przestaniesz zaprzątać sobie tym głowę. Gorzej, gdy z czasem zaczną się nasilać i powodować ból. Wtedy wreszcie wybierzesz się do lekarza. Chyba każdy przynajmniej raz w życiu znalazł się w podobnej sytuacji. Czy jesteś pewny, że twoje zdrowie może czekać?

Odpowiedź nie powinna nastręczać trudności. Przecież chory nie będziesz w stanie realizować się ani w życiu zawodowym, ani rodzinnym. Twoje marzenia zostaną zepchnięte na dalszy plan przez chorobę. Oczywiście nikt nie chciałby przez to przechodzić. Dlatego w myśl zasady, że lepiej zapobiegać, niż leczyć, umów się na wizytę do lekarza rodzinnego i skonsultuj z nim swoje objawy. Nie ma na co czekać. Wczesne wykrycie choroby zwiększa szanse na skuteczne wyleczenie.

Warto znaleźć czas również na regularne badania, które zleci ci lekarz rodzinny lub inny specjalista. Można tutaj wymienić chociażby systematyczne wykonywanie morfologii krwi lub w przypadku kobiet cytologii podczas wizyty u ginekologa. Pierwsze z badań ułatwia zdiagnozowanie m.in. infekcji, niedoborów witaminowych, chorób krwi czy też upośledzenia odporności. Cytologia zaś nie tylko pozwala wykryć zakażenie układu rodnego, lecz także jest badaniem przesiewowym w kierunku raka szyjki macicy. To jedynie kilka przykładów – więcej możesz dowiedzieć się od swojego lekarza rodzinnego.

Zapamiętaj

Regularne badania lekarskie pozwolą ci w odpowiednim czasie wykryć ewentualne nieprawidłowości i skutecznie zapobiegać rozwojowi pełnoobjawowych chorób, co w perspektywie może wydłużyć twoje życie. Zawsze warto znaleźć czas, by zadbać o własne zdrowie.

5. Nowe doświadczenia

Nowe doświadczenia to kolejna rzecz, na którą warto znaleźć czas na każdym etapie życia. Dlaczego? Wykonując wciąż te same czynności i nie pozwalając sobie nawet na drobne odstępstwa, ryzykujesz, że do twojej codzienności bardzo szybko wkradnie się rutyna. Poczucie wszechogarniającej nudy i stagnacja to zabójcy kreatywności i rozwoju. Nie daj się złapać w tę pułapkę i postaraj się wpleść do swojego życia jak najwięcej różnego rodzaju doświadczeń. Przynajmniej raz na tydzień postaw przed sobą nowe wyzwanie lub zapoznaj się z czymś, czego wcześniej nie znałeś. Będziesz stymulował swój umysł i tym samym dawał mu motywację do codziennej pracy na najwyższych obrotach.

Aby przełamać codzienną rutynę:

- przeczytaj książkę w gatunku, którego do tej pory unikałeś;
- idź do kina lub teatru na premierę;
- ugotuj nieznaną potrawę;
- znajdź nowe hobby, np. robótki na drutach, jeżdżenie na łyżwach lub pływanie kajakiem.

Przykłady można mnożyć w nieskończoność. Jednak jeden jest szczególny – **podróżowanie**.

O tym, że podróże kształcą, wiedzą już kilkuletnie dzieci. Dlaczego więc dorośli ludzie tak często o tym zapominają? Z dwóch podstawowych powodów: braku czasu i pieniędzy. Z pierwszym z nich możesz poradzić sobie w prosty sposób, wykorzystując wskazówki zawarte w książce. Każda podróż stanowi nowe, ciekawe i ważne doświadczenie, którego nie powinno w życiu zabraknąć. Jednak co zrobić, gdy budżet nie pozwala na dalekie wyprawy?

Być może nie stać cię na kilkutygodniową podróż do Ameryki Południowej ani nawet na krótkie wakacje w Hiszpanii. To jednak nie powód, by całkowicie porzucić podróżowanie. Kilka dni w Gdańsku u znajomych albo weekendowy wypad nad jezioro i spanie pod namiotem to także forma podróży, niekiedy bardziej wartościowa niż daleka wyprawa.

Nie zapominaj też, że masz do dyspozycji narzędzie niezwykle użyteczne przy planowaniu wszelkiego rodzaju podróży – internet. Znajdziesz w nim najtańsze opcje noclegowe, dowiesz się, jaki środek transportu wybrać, a nawet gdzie zjeść tanie i smaczne lokalne potrawy. A to wszystko w zaledwie kilka godzin wnikliwych poszukiwań. Poniżej znajdziesz przykłady możliwości, które uatrakcyjnią i umożliwią planowanie podróży marzeń.

- **Couchsurfing** – to korzystanie z darmowych noclegów u osób udostępniających swoje pokoje lub mieszkania na całym świecie. Ten sposób podróżowania to jednocześnie doskonała okazja do zawarcia nowych znajomości i poznania odmiennej kultury. Jeśli masz taką możliwość, sam również możesz zacząć przyjmować pod swój dach gości ze wszystkich kontynentów.
- **Carpooling** – to idea tzw. wspólnych przejazdów. Polega na tym, że kilka osób korzysta z samochodu, dzieląc się kosztami podróży. Oznacza to, że jeśli ktoś dysponuje wolnym miejscem

w swoim aucie i wybiera się do interesującej cię miejscowości, możesz do niego dołączyć i znacząco zredukować koszty wycieczki.

- **Tanie środki transportu** – w internecie można znaleźć wiele stron internetowych firm oferujących tanie przewozy autokarowe w Polsce i w Europie oraz wyszukiwarki tanich lotów. Jeśli planujesz daleką podróż, regularnie sprawdzaj ceny i zarezerwuj bilet z kilkumiesięcznym wyprzedzeniem. Być może w ten sposób uda ci się trafić na atrakcyjną ofertę. Decydując się na podróżowanie jedynie z bagażem podręcznym, możesz znacząco zredukować koszty podróży.

Powyższe propozycje mogą sprawić, że ciekawa wycieczka będzie osiągalna dla każdego niezależnie od zawartości portfela.

Ćwiczenie

Przyjrzyj się przedstawionym powyżej przykładom i do każdej z wymienionych grup aktywności przypisz konkretne zajęcie, którego się wkrótce podejmiesz. Np. wymień kilka książek, które chciałbyś przeczytać w najbliższych miesiącach. Może to być jedna powieść na miesiąc przez rok – wypisz więc te, które szczególnie cię interesują, i od nich zacznij. Podobnie rzecz się ma z kinem, teatrem i nowymi potrawami (np. jedno orientalne danie przyrządzane raz na dwa tygodnie). Zaplanuj również jednodniową lub weekendową wycieczkę w najbliższym możliwym terminie, uwzględniając swój budżet i osobiste preferencje. Jeśli przychodzi ci do głowy więcej przykładów aktywności, których do tej pory brakowało w twoim życiu, śmiało dopisz je do listy.

Pragnienie zdobywania nowych doświadczeń to jedno z podstawowych dążeń każdego człowieka. Nie pozbawiaj się tej możliwości i wzbogacaj codzienny czas, próbując rzeczy nieznanych.

Sztuka odmawiania

Jeśli umiesz już ustalać priorytety i wiesz, jakim działaniom warto poświęcać czas, pora, byś nauczył się odmawiać. Wielu osobom to słowo kojarzy się negatywnie. Nikt nie lubi, gdy jego rozmówca na prośbę odpowiada „nie". Dlatego sami też staramy się nie odmawiać innym. Nadszedł odpowiedni moment, by to zmienić i zrozumieć, że ta umiejętność jest nieodłącznym elementem efektywnego zarządzania czasem.

Możesz rozplanować dzień co do minuty, jednak to nie pomoże, jeśli nie umiesz mówić „nie". Nie pomogą ci listy rzeczy do zrobienia, niezależnie od tego, jak bardzo będą szczegółowe. Wystarczy, że ktoś poprosi cię o przysługę, a ktoś inny zapyta, czy może wpaść na kawę. Godząc się na to z grzeczności, ryzykujesz, że będziesz niezadowolony z przebiegu swojego dnia i będziesz musiał odłożyć na później sprawy dla ciebie priorytetowe. Zastanów się, czy w każdej sytuacji warto się poświęcać i rezygnować z własnych planów.

Poniższy przykład pozwoli ci zrozumieć, jakie negatywne konsekwencje może nieść ze sobą nieumiejętność odmawiania.

Przykład

66 *W niedzielny poranek Rafał postanowił wreszcie nadrobić zaległe sprawy domowe, na które nie miał czasu przez cały*

tydzień. Zaplanował przeczytanie ulubionego czasopisma przyrodniczego, które czeka na jego biurku już od poniedziałku. Chce również posegregować zdjęcia z wesela córki i odpowiednio je opisać. Wieczorem przychodzą goście, więc część popołudnia zamierza spędzić w kuchni, przygotowując kolację. Dzień postanawia rozpocząć od wizyty w pobliskim markecie, gdzie kupi wszystkie składniki potrzebne do wieczornego gotowania. W sklepie dzwoni do niego Michał – kolega z firmy programistycznej. Obaj są nowi w zespole i wielu rzeczy uczą się na bieżąco. W najbliższy poniedziałek mija termin oddania projektów, nad którymi pracowali. Miały umożliwić im wdrożenie się do pracy i zapoznanie z zasadami funkcjonowania firmy. Choć projekty Rafała i Michała dotyczyły czegoś innego, sposób działania obu kolegów był bardzo podobny.

Okazuje się, że Michał nie wyrobił się w terminie i brakuje mu 1/4 części projektu. Słyszał jednak, że Rafałowi udało się wysłać wszystko przed weekendem. Prosi więc kolegę o przysługę – aby dokończył za niego brakującą część projektu. Mówi, że są w firmie nowi, więc powinni się wspierać. Dodaje, że chętnie pomoże Rafałowi w przyszłości, jeśli ten będzie miał podobne trudności.

Rafał w pierwszym odruchu godzi się pomóc znajomemu. Nawet nie wie, w jaki sposób mógłby odmówić. Przecież codziennie widzą się w pracy. Jak po czymś takim spojrzeć mu w oczy? Robi więc zakupy w pośpiechu i szybko wraca do domu. Zamiast czytania czasopisma i oglądania zdjęć zabiera się do przerabiania własnego projektu na potrzeby aplikacji kolegi. Po kilku godzinach pracy pluje sobie w brodę, że zgodził się pomóc Michałowi. Zrobił to tylko z grzeczności, a teraz nie może zająć się tym, na co ma ochotę i na czym naprawdę mu zależy. Co więcej, nie podoba mu się świadomość, że ktoś będzie czerpał korzyści z jego ciężkiej pracy. Wieczorem ma za mało czasu na przygotowanie wykwintnej kolacji i musi zadowolić się ugotowaniem czegoś na szybko. Pod koniec dnia czuje się rozczarowany i zły na siebie. Inaczej to sobie zaplanował.

99

Historia Rafała to najlepszy dowód na to, że warto nauczyć się odmawiania. Szybko może się bowiem okazać, że realizujesz plany innych osób zamiast własnych zamierzeń. Nietrudno wyobrazić sobie sytuację, w której współpracownicy dowiadują się, że Rafał jest zdolnym programistą i chętnie dzieli się owocami swojej pracy. Wówczas prośby o pomoc zaczęłyby się mnożyć, a nasz bohater coraz częściej musiałby odkładać własne plany na później. Stąd już prosta droga do bycia wykorzystywanym.

Przytoczony powyżej przykład to najgorszy z możliwych scenariuszy. Nie zrozum tego źle: nie oznacza on, że nie należy pomagać innym i że trzeba koncentrować się tylko na własnych dążeniach. Dobrze jest każdorazowo przemyśleć swoją decyzję, mimo że zwykle jest na to mało czasu (np. tyle, ile trwa rozmowa telefoniczna). Wyświadczenie przysługi komuś, na kim ci zależy, może nieść ze sobą radość i poczucie dobrze spełnionego obowiązku. Jeśli tak jest, nie wahaj się i powiedz „tak". Oczywiście i w tym przypadku mogą pojawić się nadużycia – osoby bliskie nie będą miały skrupułów, by kolejny raz prosić o przysługę, a tobie będzie jeszcze trudniej odmówić. Dlatego w każdej sytuacji zacznij od sporządzenia w głowie szybkiego bilansu zysków i strat, a dopiero później podejmij decyzję. Zgódź się tylko pod warunkiem, że uważasz daną rzecz za ważną lub korzystną i jednocześnie nie ucierpią na tym twoje plany.

Osobną kategorię stanowią spotkania z ludźmi, z którymi twoje drogi rozeszły się jakiś czas temu albo z którymi nic cię nie łączyło. Często bywa tak, że dostajesz propozycję spotkania od osoby, z którą nie masz o czym rozmawiać i szkoda ci na to czasu. Mimo to się zgadzasz, bo nie wyobrażasz sobie, że mógłbyś odmówić. Ryzykujesz, że kiepsko będziesz bawić się nie tylko ty, lecz także twój towarzysz.

Czy istnieje prosta metoda, która umożliwi ci szybkie podjęcie decyzji w sytuacjach podobnych do tych przedstawionych powyżej? Trudno byłoby znaleźć uniwersalny sposób, ale warto poznać pewne przydatne rozwiązanie.

Schemat decyzyjny

Poniżej znajdziesz schemat decyzyjny w formie kilku prostych pytań. Ponieważ podejmowanie decyzji w przypadku, gdy ktoś zwraca się do ciebie z prośbą, nie należy do najłatwiejszych zadań, najlepszym sposobem jest przemyślenie problemu na spokojnie, czyli **rozmowa z samym sobą**.

Poniższe pytania mają charakter otwarty i wymagają dłuższego zastanowienia. Możesz odpowiedzieć w kilku słowach lub nawet paru zdaniach – najważniejsze, żebyś wiernie przelał na papier efekt swoich przemyśleń. Później wyciągniesz z nich odpowiednie wnioski.

1. Czy jeśli zgodzisz się zrobić daną rzecz, ucierpią na tym twoje plany lub potrzeby? Jeśli tak, to jakie?

   ....

   ....

2. Czy skorzystasz na udzieleniu pomocy danej osobie? Jeśli tak, to w jaki sposób?

   ....

   ....

3. Czy odmowa może mieć negatywne konsekwencje dla ciebie lub osoby, która jest ważna w twoim życiu? Jeśli tak, to jakie?

   ....

   ....

4. Czy prosząca cię o pomoc osoba może spytać o tę przysługę kogoś innego?

   ....

   ....

5. Czy ta osoba często prosi cię o pomoc? Jak często się zgadzasz?

   ....

   ....

6. Czy zdarza się, że jesteś niezadowolony z tego, że zgodziłeś się jej pomóc? Jak często taka sytuacja występuje?

   ....

   ....

7. Czy masz problemy z odmówieniem danej osobie? Jak myślisz, dlaczego tak jest?

   ....

   ....

Kiedy udzielisz odpowiedzi na powyższe pytania, zrób krótką przerwę. Wróć do nich po jakimś czasie (np. po pół godzinie), gdy twój mózg będzie mógł na świeżo je przeanalizować, i ponownie przyjrzyj się każdemu z nich. Im częściej odpowiadałeś twierdząco, tym większe prawdopodobieństwo, że masz problem z asertywnością.

Jeśli często zgadzałeś się na coś, co wymagało odłożenia twoich planów i zignorowania potrzeb, zastanów się, czy na pewno tego chcesz. Choć nie będzie to łatwe, pamiętaj, że w każdej chwili możesz się wycofać. Przemyśl to w szczególności, gdy ktoś ciągle cię o coś prosi, a ty się godzisz, choć wcale tego nie chcesz. Zwróć uwagę na pytanie nr 7 – jeśli masz problemy z odmawianiem konkretnej osobie, spróbuj określić, dlaczego tak się dzieje. Być może jest to ktoś bliski, dlatego nie jesteś w stanie powiedzieć mu „nie", a on to wykorzystuje. A może obawiasz się, że kogoś zawiedziesz i zostaniesz odrzucony? W takim przypadku zastanów się, czy odmowa mogłaby faktycznie przynieść taki skutek, czy są to jedynie twoje wyobrażenia dyktowane przez lęk.

Nie bój się mówić „nie"

Boisz się, że gdy odmówisz, zostanie to źle odebrane albo że ktoś się na ciebie obrazi? Niesłusznie. Jeśli spokojnie wytłumaczysz, dlaczego nie możesz podjąć się danego zadania, wszystko powinno być w porządku. Postaw sprawę jasno i postaraj się mówić uczciwie. Kilka prostych zdań (np. „Bardzo mi przykro, ale nie mogę się tego podjąć. Mam na głowie za dużo własnych spraw") jest lepsze od wymyślania konkretnych, ale zagmatwanych wymówek. Pamiętaj, że odmawiając, w większości przypadków nie robisz nic złego – drobiazgowe usprawiedliwienia nie są konieczne.

Godzenie się na rzeczy, których nie chcesz robić, niesie ze sobą dodatkowe ryzyko. Może się okazać, że w trakcie wyświadczania przysługi zniechęcisz się i zmienisz zdanie – a nie ma nic gorszego niż wymigiwanie się od zadania, na które się zgodziłeś. W szczególności jeśli robisz to w ostatniej chwili i zawiedziesz osobę, która na ciebie liczyła. Podobnie, odwołując spotkanie kilkadziesiąt minut przed umówioną godziną, możesz sprawić komuś dużą przykrość.

Ze sztuką odmawiania nierozerwalnie związane jest pojęcie **asertywności**[12], czyli umiejętność wyrażania własnego zdania, emocji oraz postaw w taki sposób, by nie naruszać praw drugiego człowieka. Oznacza zdolność komunikowania swoich potrzeb i bronienia ich oraz wyznaczania osobistych granic. Na asertywność składają się:

- zdolność do wyrażania własnych opinii;
- umiejętność odmawiania;
- zdolność do przyjmowania krytyki, ale również pochwał i komplementów;
- zdolność do konstruktywnej krytyki;
- stanowczość;
- umiejętność wyrażania własnych potrzeb;
- świadomość własnych zalet i wad (zdolność do samooceny).

Zapamiętaj

Jeśli nie chcesz czegoś robić, po prostu tego nie rób. Zmuszając się do wykonywania zadań, na które nie masz ochoty, stawiasz się w niekomfortowej sytuacji. Będziesz robić je niechętnie i byle jak, aby jak najszybciej skończyć. Nie po-

[12] O asertywności warto przeczytać więcej m.in. tutaj: Michele Giannantonio, *Być asertywnym*, tłum. Anna Gabryszewska-Konieczny, Wydawnictwo eSPe, Kraków 2011; Bartłomiej Stolarczyk, *Naucz ich, jak mają Cię traktować! Praktyczny podręcznik asertywności*, Helion, Gliwice 2014; Agnieszka Wróbel, *Asertywność na co dzień, czyli jak żyć w zgodzie ze sobą i innymi*, Edgard, Warszawa 2011; Dorota Gromnicka, *Asertywność w przykładach. Jak zachować się w typowych sytuacjach*, Edgard, Warszawa 2015.

dejmuj się spraw, które zmuszą cię do zrezygnowania ze swoich potrzeb, planów lub dążeń. Jeśli znajdziesz się w takiej sytuacji, nie obawiaj się odmówić (nawet w trakcie wyświadczania danej przysługi) – pamiętaj, że twoje potrzeby i komfort psychiczny są najważniejsze.

Jeżeli nie masz czasu się z kimś zobaczyć, nie umawiaj się z nim. Możesz od razu przełożyć spotkanie na późniejszy, bardziej dogodny dla ciebie termin. Lepiej od razu grzecznie odmówić, niż w ostatnim momencie rezygnować.

Odmawianie to umiejętność przydatna dla osób, które chcą osiągnąć życiową równowagę i efektywnie spędzać czas. Mówienie „nie" może wydawać się trudne, jednak będzie ci coraz łatwiej; zrozumiesz, że w niektórych sytuacjach jest to nieuniknione. Nie musisz się obawiać, iż zranisz czyjeś uczucia – wystarczy, że tę umiejętność wykorzystasz w sposób rozsądny i przemyślany.

Podsumowanie

1. Ustalenie priorytetów pomoże ci zdecydować, które zadania wykonywać w pierwszej kolejności, a które odrzucać. Pamiętaj, że nie musisz robić wszystkiego. To twoje życie i ty decydujesz, na co chcesz poświęcać czas.
2. Określ pilność i ważność zaplanowanych czynności. Wykonuj je w następującej kolejności:
   - ważne i pilne;
   - ważne i niepilne;
   - nieważne i pilne;
   - nieważne i niepilne.
3. Wypracowanie *work-life balance* pozwoli ci uniknąć wypalenia zawodowego i umożliwi czerpanie radości z życia osobistego.
4. Planuj aktywności w dłuższej perspektywie czasu (np. tygodnia). Codziennie nie uda ci się zrealizować wszystkich zadań, ale w ciągu 168 godzin będzie to prostsze.
5. W działaniu kieruj się przede wszystkim jakością, a nie ilością. Stawiaj na staranność wykonania, nie na szybkość.
6. Korzystanie z zasad idei *slow life* pomoże ci odnaleźć równowagę w życiu i nauczy wykorzystywać czas w najbardziej satysfakcjonujący sposób.
7. Nie zaniedbuj snu, aktywności fizycznej i diety. Zdrowie fizyczne i psychiczne jest podstawą efektywności oraz wydajności każdego człowieka.
8. Zdobywanie nowych doświadczeń pomoże ci przełamać rutynę i da motywację do pracy na najwyższych obrotach.
9. Bądź asertywny i naucz się odmawiać.

3.

Zarządzanie czasem w praktyce

W poprzednich rozdziałach poznałeś zagadnienia związane z podstawami zarządzania czasem. Wskazówki dotyczyły przede wszystkim szeroko pojętej organizacji życia zawodowego i prywatnego. Pora na kolejny krok. W tej części poradnika zawarte są bardziej szczegółowe kwestie, które pomogą ci wprowadzić zdobytą wiedzę w życie.

Na temat zarządzania czasem napisano już wiele. Jednak tylko umiejętność wykorzystania przydatnych **narzędzi** oraz wyrobienie pożytecznych **nawyków** pozwoli przełożyć teorię na praktykę. Można to porównać do sytuacji, w której planujesz uprawiać ogródek. Warunki atmosferyczne temu sprzyjają, dysponujesz idealnym kawałkiem terenu, na którym chcesz zasadzić rośliny. Jednak nie możesz wprowadzić pomysłu w życie, ponieważ nie masz odpowiednich narzędzi. Nie wiesz także, jak w prawidłowy sposób ich używać. Tak samo jest z zarządzaniem czasem.

W tym rozdziale będzie zatem mowa m.in. o:

- przydatnych narzędziach do planowania czasu;
- nawykach utrudniających i ułatwiających życie;
- cyklicznym zarządzaniu czasem;
- pracy metodą projektu;

- prokrastynacji (czyli tendencji do odkładania rzeczy na później, zwlekania z ich wykonaniem);
- organizowaniu czasu pracy;
- zarządzaniu stresem w czasie.

Planowanie jako codzienny rytuał

Jeśli zastanawiasz się, w jaki sposób efektywnie zarządzać czasem, zastosuj jedną z najważniejszych wskazówek: U c z y ń z p l a n o w a n i a c o d z i e n n y r y t u a ł. Wprowadzenie do życia zwyczaju regularnego organizowania czasu już stanowi połowę sukcesu. Jest również okazją do podsumowania dotychczasowych osiągnięć i wyciągnięcia wniosków na przyszłość – w tym wypadku na kolejny dzień. Jeśli chcesz nauczyć się zarządzać czasem, rób to codziennie. Tak samo jest z każdą zmianą, którą próbujesz wdrożyć w życie. Kiedy, przykładowo, chciałbyś zacząć zdrowo się odżywiać, dbać o figurę i uprawiać sport, jedynie codzienne praktykowanie może przynieść sukces.

Checklista

Próby organizowania czasu zacznij od wybrania pory dnia, którą chcesz na to poświęcić. Powinno wystarczyć ci pół godziny, choć to zależy od liczby twoich pomysłów. Na planowanie dobry jest wieczór. To moment, w którym główne zadania w danym dniu masz już za sobą. Możesz więc spokojnie zająć się podsumowaniem minionych godzin i rozdysponowaniem czasu na nadchodzący tydzień.

Twój wieczorny rytuał będzie polegał na sporządzeniu krótkiej listy lub notatek. Jedyne, co będzie ci do tego potrzebne, to kartka i długopis. Sporządzisz na niej listę zadań do wykonania następnego dnia, tzw. checklistę. To najprostszy i wciąż najczęściej używany sposób organizowania czasu. Oto kilka podstawowych wskazówek, jak powinna wyglądać dobrze skonstruowana notatka:

1. **Zapisuj krótkie i konkretne hasła.** To nie ma być kilkustronicowy elaborat, ale lista, którą będziesz mógł mieć zawsze przy sobie – w kieszeni spodni lub podręcznej torbie. Plany określ dość szczegółowo. Jeśli cel jest duży, rozbij go na mniejsze elementy i zapisz. Jeżeli chcesz wyprawić przyjęcie urodzinowe dla przyjaciela, to nie zapisuj: „Zorganizować urodziny Piotrka". Takie hasło nie mówi nic na temat kroków, jakie powinieneś podjąć, i jedynie komplikuje zadanie. Lepiej zanotuj po kolei, co chcesz danego dnia zrobić, i skrupulatnie to zapisz, np.: „ustalić datę", „zarezerwować miejsce w restauracji", „zadzwonić do znajomych i zaprosić ich na przyjęcie", „kupić tort urodzinowy" itd. Taki sposób planowania zwiększa szanse, że zrobisz to, co postanowiłeś.

2. **Wyznacz zadaniom z listy ramy czasowe.** Nie wszystkie muszą być wykonane jednego dnia, ale są też takie, które wymagają tylko godziny albo dwóch. Warto więc to zapisać. Trzymając się tych ram, zmniejszysz ryzyko, że wykonując zadanie, rozproszysz się albo przerwiesz je w połowie i odłożysz na później. Przykładowo, jeśli masz zatelefonować do kilku osób, najlepiej zaplanuj rozmowy jedna po drugiej i przeznacz na nie ściśle określony czas. Dzięki temu skoncentrujesz się na uzyskaniu konkretnych informacji i nie dasz się wciągnąć w pogawędkę niezwiązaną z tematem.

3. **Określ, które z zadań na liście są priorytetowe.** Możesz skorzystać ze wskazówek zawartych w rozdziale 2. Jeśli dopiero

zaczynasz się uczyć zarządzania czasem, pogrupuj zadania na kartce za pomocą macierzy Eisenhowera. Szybszym sposobem jest użycie kolorowych zakreślaczy lub przypisanie każdej z czynności litery od A do E (gdzie A odpowiada rzeczom najważniejszym, E – najmniej ważnym). Zadania oznaczone kolejnymi literami A (np. A1, A2, A3) lub konkretnym kolorem (np. czerwonym) powinieneś wykonać w pierwszej kolejności. Bardziej doświadczeni mogą ustalać priorytety w myślach.

Metoda ABCDE[13]

Grupa	Znaczenie
A	Należą do niej zadania najistotniejsze, które musisz zrobić. Niewykonanie ich wiąże się z przykrymi konsekwencjami. Są to np. opłacenie rachunków lub przygotowanie ważnego raportu do pracy.
B	Zadania ważne, które powinieneś wykonać. Skutki niewywiązania się z tych obowiązków nie są jednak tak poważne jak w przypadku grupy A. Należą do nich np. odbiór przesyłki z poczty lub odpowiedź na korespondencję mailową.
C	Czynności, które warto wykonać, ale ich niezrobienie nie niesie ze sobą żadnych poważnych konsekwencji. Zaliczają się do nich przyjemności, takie jak spotkanie towarzyskie lub wyjście do teatru.
D	Zadania, które możesz oddelegować komuś innemu.
E	Wszystkie czynności, które spokojnie możesz wyeliminować z planu dnia, np. oglądanie telewizji.

[13] Więcej na temat metody ABCDE przeczytasz w: Brian Tracy, *Zjedz tę żabę. 21 metod podnoszenia wydajności w pracy i zwalczania skłonności do zwlekania*, tłum. Marian J. Waszkiewicz, MT Biznes, Warszawa 2011.

4. **Nie zapisuj na liście zbyt wielu zadań.** Spróbuj spojrzeć na nadchodzący dzień realistycznie. Możesz wykonać ograniczoną liczbę czynności – niezależnie od tego, jak bardzo będziesz skoncentrowany czy zdeterminowany. Nie planuj zbyt dużo – kiedy ci się nie powiedzie, będziesz czuł się winny i rozczarowany. Ustalanie liczby zadań na dzień jest sprawą indywidualną. Jednak jeśli jest ich więcej niż 10, powinieneś się zastanowić. Może część planów przełożysz na jutro?

Checklistę sporządzoną według powyższych zasad przyklej w widocznym miejscu (na ścianie, tablicy korkowej lub drzwiach szafy), aby rano pamiętać o wzięciu jej ze sobą. Taki wieczorny rytuał to doskonała okazja, aby przeanalizować listę z poprzedniego dnia lub tygodnia oraz wyciągnąć odpowiednie wnioski. Ten czas należy tylko do ciebie, więc wykorzystaj je jak najlepiej. Przyglądając się listom z poprzednich dni, odpowiedz na pytania:

- **Które zadania udało ci się zrealizować?** Odhacz je, skreśl lub zaznacz wybranym kolorem.
- **Czego nie udało ci się zrobić?** Wyodrębnij te zadania spośród reszty. Będziesz musiał przepisać je na nową listę spraw do załatwienia, czyli na kolejny dzień.
- **Dlaczego ci się nie udało?** Znajdź przyczynę niepowodzenia. To ważne, ponieważ pozwoli uniknąć tego samego problemu w przyszłości. Do najczęstszych powodów porażki należą: zbyt dużo obowiązków, poświęcanie się rzeczom nieistotnym, błędne ustalenie priorytetów, rozpraszanie się. Jeśli znasz przyczyny niepowodzeń, możesz pracować nad ich stopniową eliminacją.
- **Jak możesz poprawić listę spraw do załatwienia?** Zastanów się, czy możesz coś zmodyfikować w notatkach, by lepiej ci służyły i były bardziej przejrzyste. Może to być wszystko, począwszy od zmiany używanych kolorów poprzez inny system

grupowania, a skończywszy na zmniejszeniu lub zwiększeniu liczby zadań.

Wiesz już, jak powinien wyglądać codzienny rytuał planowania. Teraz dowiesz się, jakie uzyskasz korzyści z racjonalnego organizowania czasu. Oprócz tego, że możesz podsumować minione dni i wyznaczyć zadania na kolejne, oczyszczasz umysł. Po długim, pracowitym dniu bywa, że odczuwasz chaos myślowy, nad którym trudno zapanować i który uniemożliwia odpoczynek, a nawet zaśnięcie. Gorączkowo się zastanawiasz, czy w minionym dniu zrobiłeś wszystko, co powinieneś, czy o czymś nie zapomniałeś i czym musisz się zająć jutro. Tracisz na to energię i czas – właśnie dlatego sprawy do załatwienia powinieneś zapisywać w formie listy. To pozwoli ci odciążyć umysł – stworzyłeś plan, więc teraz możesz spokojnie zająć się czymś innym i już o tym nie myśleć. Zyskujesz pewność, że następnego dnia nie zapomnisz o istotnych sprawach. Możesz wreszcie skupić się na chwili obecnej. Dzięki temu jakość twojego czasu wolnego, odpoczynku i snu znacząco się poprawi.

Czy to oznacza, że przez pozostałą część dnia możesz zwolnić się z myślenia o zarządzaniu czasem? Zdecydowanie nie. Wieczorny rytuał to świetna metoda planowania czasu, ale nie ograniczaj się tylko do tego. Najważniejszym zadaniem jest sumienne wykonywanie zapisanych czynności i ulepszanie list rzeczy do zrobienia dzięki wychwyceniu popełnionych błędów. Oznacza to nieustanną pracę nad sobą i eliminowanie szkodliwych nawyków. Oczywiście jest to wizja stanu idealnego, do którego dążysz – nie zawsze jest to łatwe. Pamiętaj, że nawet jeśli raz ci się nie uda, świat się na tym nie kończy – spróbuj następnego dnia.

Zapamiętaj

Planowanie jako codzienny rytuał to pierwszy poważny krok w kierunku efektywnego zarządzania własnym czasem. Tworzenie list rzeczy do zrobienia, choć z początku żmudne i czasochłonne, jest najlepszym sposobem, by przestawić mózg na tryb kontrolowania własnego życia. Zanim się obejrzysz, ten użyteczny nawyk wejdzie ci w krew i stanie się elementem codzienności. Co więcej, wieczorny czas poświęcony planowaniu to również świetna okazja, by zastanowić się, jak minął dzień, co ci się w nim podobało, a co chciałbyś zmienić.

Nieodłącznym elementem codziennej organizacji czasu jest kartka, na której zapisujesz kolejne plany, grupujesz je i nadajesz im status mniej lub bardziej priorytetowych. Istnieje jednak dużo więcej sposobów na zarządzanie czasem, często bardziej atrakcyjnych. Kartkę możesz zastąpić przydatnymi narzędziami, które umilą i ułatwią ci pracę. Poniżej znajdziesz zestawienie tych najbardziej popularnych wraz z przydatnymi wskazówkami dotyczącymi ich wykorzystania.

Lista zakupów

Lista zakupów to rodzaj checklisty, z której korzysta niemal każdy. Nie ma prostszego sposobu, by zapamiętać to, co chcesz kupić, niż spisanie tego na kartce i zabranie jej ze sobą. Rozwiązanie to jest szczególnie przydatne, gdy wybierasz się na duże zakupy lub planujesz je zrobić dopiero za kilka godzin (np. po pracy). Jeśli nadal nie jesteś przekonany, że zwykła lista zakupów może się okazać przydatna, zapoznaj się z poniższym przykładem.

Przykład

Jest czwartek rano. Marta – jak codziennie o tej porze – wychodzi do pracy. Tego dnia w szkole podstawowej, w której pracuje jako nauczycielka, odbywa się przedstawienie z okazji nadchodzących Dni Babci i Dziadka. Marta jest odpowiedzialna za tę uroczystość, więc dla niej będzie to dzień pełen ciężkiej pracy. Czekają ją ostatnie przygotowania, próba generalna przedstawienia, uspokajanie stremowanych dzieci i w końcu przywitanie gości. Gdy jest w drodze do szkoły, dzwoni mąż – prosi, by kupiła kilka produktów spożywczych, ponieważ tego dnia musi zostać dłużej w pracy i do domu wróci późnym wieczorem. Chciałby ugotować i zjeść z żoną wykwintną kolację, ale o tej porze sklepy będą już zamknięte. Marta chętnie na to przystaje, rozłącza się, a potem kilka razy w myślach powtarza listę produktów do kupienia. Trochę tego jest, ale przecież na co dzień zapamiętuje bardziej skomplikowane rzeczy – uznaje więc, że nie musi tego zapisywać.

Czas spędzony w pracy mija Marcie w zawrotnym tempie. Jest w nieustannym biegu, próbując dopiąć wszystko na ostatni guzik. Po południu razem z resztą widowni ogląda przedstawienie, które okazuje się sukcesem. Wracając do domu, wstępuje do sklepu, by zrobić zakupy. Niestety jest już tak zmęczona, że z trudem przypomina sobie listę rzeczy, o które prosił mąż. Szybkie zakupy przeradzają się w półgodzinną wędrówkę pomiędzy sklepowymi półkami i zastanawianie się, co jeszcze powinna kupić. Przy okazji tych rozmyślań Marta wkłada do koszyka produkty, które są jej całkowicie zbędne – jest już tak głodna, że nie może się powstrzymać.

Po powrocie do domu okazuje się, że zapomniała o paru ważnych składnikach, bez których kolacja zaplanowana przez męża nie może się udać. Jest już zresztą tak późno, że muszą zamówić gotowe danie do domu.

99

Powyższa historia pokazuje, jak przydatna okazuje się w codziennym planowaniu zwykła lista zakupów. Gdyby Marta od razu zapisała ją na kartce lub w notatniku, nie zapomniałaby kupić tych kilku produktów spożywczych. Co więcej, oszczędziłaby czas, ponieważ nie musiałaby się zastanawiać, co jest jej potrzebne – mogłaby od razu przejść do odpowiedniej półki sklepowej. Pozwoliłoby jej to skoncentrować się na zrobieniu zakupów i szybko opuścić sklep. Możliwe, że dzięki temu oszczędziłaby także pieniądze, ponieważ nie rozproszyłaby się i nie kupiła innych, niepotrzebnych rzeczy. Trzymając się ściśle listy, nie miałaby na to czasu. W powyższym przykładzie Marta z mężem ostatecznie decydują się na zamówienie gotowego dania, co również wiąże się z dodatkowymi kosztami. Efekt końcowy? Strata czasu i pieniędzy.

Wniosek z przedstawionego przykładu jest jeden. Zrobienie listy zakupów nie zajmie ci dużo czasu, a możesz na tym dużo zyskać. Korzystaj z tej prostej metody, nawet jeśli z pozoru wydaje ci się niepotrzebna. Będziesz zaskoczony, jak bardzo ten krótki czas poświęcony planowaniu usprawni twoje codzienne zakupy.

Notatnik

Notatnik to jedno z najpopularniejszych narzędzi do przechowywania ważnych informacji i planowania czasu. Możesz tworzyć w nim chociażby codzienne checklisty. Zaletą takiego rozwiązania jest opcja powrotu do listy sporządzonej dowolnego dnia i odtworzenia tego, co się wówczas działo. Większość tradycyjnych checklist zapisywanych na luźnych karteczkach na koniec ląduje w koszu na śmieci lub ginie w stercie innych dokumentów. Przeniesienie ich do notatnika likwiduje ten problem. Przykładowo, jeśli miałeś umówić się na kontrolę u lekarza miesiąc po ostatniej wizycie, a nie możesz sobie przypomnieć, kiedy ostatnio u niego byłeś – nic prostszego. Wystarczy przewertować notatnik i znaleźć odpowiednie zapiski dotyczące tej sprawy.

Notatnik z powodzeniem może stać się twoim powiernikiem, czymś w rodzaju pamiętnika. Z jedną różnicą – zamiast wspomnień będziesz zapisywać w nim numery telefonów, adresy, nazwiska, daty spotkań, terminy oddania projektów w pracy albo nazwy filmów, które ktoś ci polecił. W chwili gdy uzyskujesz tego typu informacje, może ci się wydawać, że bez problemu je zapamiętasz. Jednak po kilku godzinach wypełnionych intensywną pracą okazuje się, że np. zamiast pełnego adresu pamiętasz jedynie nazwę ulicy i kod pocztowy, bez numeru mieszkania.

Podobnie, kiedy przychodzi ci do głowy jakiś pomysł (np. co ugotować na jutrzejszy obiad albo jak rozwiązać problem, nad którym pracujecie w biurze), a nie masz w tej chwili czasu, by się nim zająć – zapisz go. Jeśli tego nie zrobisz, później może być ci trudno przypomnieć sobie, o czym myślałeś. Przy okazji stracisz dużo czasu na próby odtworzenia tego momentu. W notatniku zapisuj więc wszystko, co jest warte zapamiętania – bo to, co najbardziej chcemy zapamiętać, lubi ulatywać z naszej pamięci.

Żeby notatnik spełniał swoją funkcję, noś go zawsze ze sobą – w torebce, plecaku lub kieszeni kurtki. W zależności od tego, ile masz tam miejsca, wybierz odpowiednią wielkość notesu. Mały rozmiar będzie bardziej poręczny i chętnie weźmiesz go ze sobą, nawet jeśli masz dużo innych rzeczy do zabrania.

Poza wymienionymi wyżej zaletami korzystania z notatnika nie można zapomnieć o jeszcze jednej. Rzeczy utrwalone na papierze łatwiej zapamiętać. Kiedy słowa zostaną zapisane, w mózgu powstaje ścieżka, którą później znacznie łatwiej będzie ci odtworzyć. Przykładowo, wielokrotne wpisywanie hasła do internetowego konta bankowego lub numeru PIN na klawiaturze telefonu sprawia, że robisz to niemal odruchowo. Można by pomyśleć, że twoja ręka „pamięta" to lepiej od ciebie. Innym dowodem są notatki, które sporządzałeś w szkole lub na studiach. Zapisane informacje łatwiej było sobie przypomnieć, a nauka stawała się dzięki temu dużo prostsza i szybsza. To najlepsze dowody na to, że warto na co dzień korzystać z narzędzi takich jak zeszyt czy notatnik.

Kalendarz lub planer

Kolejnym użytecznym narzędziem służącym do organizacji czasu jest znany wszystkim kalendarz. Dzięki niemu możesz bez wysiłku rozplanować aktywności poprzez przypisanie ich do konkretnego dnia. Później pozostaje tylko określić priorytetowość i wyznaczyć ramy czasowe, czyli ustalić, ile minut lub godzin chcesz poświęcić na wykonanie danej czynności. Oprócz tego w kalendarzu (zwłaszcza o układzie tygodniowym) czarno na białym widać, kiedy mija tzw. deadline, czyli ostateczny termin zrealizowania zadania, który został określony przez ciebie lub narzucony ci np. przez pracodawcę.

Alternatywą dla zwykłego kalendarza są popularne planery. Łączą w sobie kilka form planowania czasu. Znajdziesz w nich zarówno tradycyjny kalendarz, jak i specjalne miejsce do zapisywania list spraw do załatwienia w danym dniu, tygodniu lub miesiącu. Zwykle mają również ciekawą i elegancką oprawę graficzną, która sprawia, że zawsze chcesz je nosić przy sobie. Szukając idealnego planera np. w internecie, zwróć uwagę na możliwość jego przetestowania. Niektórzy producenci udostępniają kilka stron do wydrukowania, byś mógł w praktyce przekonać się, czy taki sposób organizacji czasu ci odpowiada. Dobry planer powinien zawierać:

- godzinowy harmonogram każdego dnia z listą rzeczy do zrobienia;
- miejsce, gdzie możesz wyodrębnić najważniejsze zadania z danego dnia (np. trzy priorytety);
- specjalną część do wpisania celów, w tym określenia efektu końcowego i etapów do niego prowadzących;
- miejsce na własne notatki i pomysły;
- miejsce do wpisywania kontaktów.

Jeśli planujesz czas wspólnie z innymi (np. ze współpracownikami w biurze lub członkami rodziny w domu), dobrym pomysłem jest wykorzystanie kalendarza ściennego lub planerów w formie plakatów, które można przyczepić do tablicy korkowej lub położyć na stole. Zwykle są one wymyślone tak, że można spojrzeć na cele z szerszej perspektywy, np. kilku miesięcy lub roku. Tak używany kalendarz pozwala dopasować plany kilku osób i efektywniej zarządzać wspólnym czasem.

Podczas korzystania z kalendarza pamiętaj o kilku zasadach sprawiających, że twoje zapiski staną się konkretne i czytelne.

- **Zadbaj o szczegóły** – zapisuj konkretne i szczegółowe hasła. Wyobraź sobie, że na 12 kwietnia planujesz spotkanie służbowe z przedstawicielem firmy, z którą chcesz rozpocząć współpracę. W polu odpowiadającemu tej dacie wpisujesz jedynie „spotkanie z prezesem Nowakiem", a resztę szczegółów postanawiasz zapamiętać. Jednak za kilka dni możesz zapomnieć, na którą godzinę się umówiliście albo jaki jest adres restauracji, którą jako miejsce spotkania zaproponował twój rozmówca. Zapisanie tych szczegółów pozwoli ci oszczędzić czas (nie musisz szukać adresu restauracji w internecie) i uniknąć niekomfortowych sytuacji (dzwonienia jeszcze raz, by upewnić się co do godziny spotkania).

- **Wyznacz deadline** – kalendarz służy do planowania spraw w czasie i właśnie tak należy go traktować. Podobnie jak w przypadku checklisty, określenie ram czasowych dla poszczególnych zadań znacząco usprawni realizację zadań.
- **Nie używaj skrótów** – twoje zapiski powinny być czytelne i klarowne. Przykładowo, gdy planujesz coś z kilkutygodniowym wyprzedzeniem, za jakiś czas możesz mieć trudności z odszyfrowaniem skrótu, którego użyłeś. Zamiast więc pisać „wizyta u d. Kow.", lepiej napisz pełnym zdaniem: „Godz. 15:00: wizyta u dentysty, dr. Kowalskiego – przegląd stomatologiczny". Taka notatka nie pozostawia wątpliwości co do znaczenia i nie wymaga dłuższego zastanowienia.
- **Nie bój się skreślać** – to naturalne, że plany czasem się zmieniają. Jeśli więc nie lubisz pokreślonych lub zamazanych stron, zamiast długopisu możesz używać ołówka.

Papierowe narzędzia, takie jak kalendarz, terminarz czy planer, mają jedną wadę. Przypomną ci o wykonaniu danej czynności tylko wtedy, kiedy sam do nich zajrzysz. Najlepiej byłoby więc, gdybyś o tym pamiętał i otwierał podręczny kalendarz przynajmniej kilka razy dziennie. W przeciwnym razie sporządzanie zapisków nie będzie miało sensu, ponieważ i tak nie zrobisz z nich użytku. Na szczęście istnieją również inne, bardziej nowoczesne metody planowania, z których mogą skorzystać osoby mające problem z systematycznością. Są to programy, które można zainstalować na komputerze, lub aplikacje na telefon komórkowy. Więcej na ich temat przeczytasz w rozdziale 5.

Ćwiczenie

Prowadź własny kalendarz lub planer. Wybierz ten, który najbardziej ci odpowiada, i zacznij regularnie z niego korzystać. Pamiętaj o odpowiednim rozmiarze i oprawie, które sprawią, że będziesz chciał nosić go zawsze przy sobie. Podczas wpisywania zadań do kalendarza lub planera korzystaj z przedstawionych powyżej zasad.

Zacznij od opracowania planu nadchodzącego tygodnia. Na kartce wypisz wszystkie zadania, które chcesz zrealizować w tym czasie, i przyporządkuj je do jednego z siedmiu dni. Zwięźle i klarownie opisz, na czym każde z nich ma polegać, oraz określ, jak ważna jest dla ciebie jego realizacja (np. przypisz mu jedną z liter od A do E). Nie zapominaj o wyznaczeniu ram czasowych. Zadbaj również, by zapiski były wystarczająco szczegółowe i pozbawione skrótów – dzięki temu unikniesz problemów z rozszyfrowaniem ich znaczenia. Kiedy pierwszy tydzień minie, zweryfikuj swoje postępy. Oceń, czy jest coś, co możesz poprawić w planowaniu. Z tygodnia na tydzień będzie przychodzić ci to coraz łatwiej i zacznie przynosić coraz więcej satysfakcji.

Złe i dobre nawyki

Każdy człowiek ma jakieś przyzwyczajenia, które kierują jego zachowaniem i reakcjami, również jeśli chodzi o zarządzanie czasem. Jedne można określić jako zwyczaje pozytywne – takie, które ułatwiają planowanie codziennych aktywności. Inne to tzw. złe nawyki, które znacząco utrudniają, a niekiedy wręcz uniemożliwiają wykonywanie zadań na czas. Do tych drugich należą np. sprawdzanie skrzynki mailowej kilkanaście razy dziennie, oglądanie serialu (gdy powinieneś robić coś innego) albo odkładanie wykonania najtrudniejszych czynności na później.

Zastanawiasz się zapewne, czy istnieją metody radzenia sobie z negatywnymi przyzwyczajeniami. Nie ma konkretnych i sprawdzonych sposobów, ponieważ zarówno powstawanie nawyków, jak i próby pozbycia się tych niechcianych to proces skomplikowany i długotrwały. Jednak zmiana nawyków jest możliwa. Jedyne, czego potrzebujesz, to dużo samozaparcia i gotowość do nieustannej obserwacji własnych zachowań. Żeby móc stopniowo przejąć kontrolę nad przyzwyczajeniami, powinieneś lepiej zrozumieć mechanizm ich powstawania.

Nawyki są czymś naturalnym. Tworzysz je po to, by ułatwić sobie wykonywanie złożonych czynności w codziennym życiu. Jako przykład może posłużyć prowadzenie samochodu – dzięki nawykom robisz to niemal bezwiednie, bez konieczności długiego zastanawiania się nad każdą czynnością bądź manewrem. Wiele przyzwyczajeń wynika z wielokrotnego podejmowania takich samych decyzji i wybierania rzeczy, które są dla ciebie znane, a co za tym idzie, wydają się bezpieczne. Jeśli od dziecka byłeś przyzwyczajany do delikatnie przyprawionych potraw, to w dorosłym życiu prawdopodobnie będziesz wybierać właśnie takie posiłki, a nie pikantne dania. Podobnie, gdy przez kilka lub kilkanaście lat chodzisz do pracy tą samą drogą, najpewniej dalej będziesz ją wybierać i trudno będzie ci zmienić to przyzwyczajenie (nawet jeśli dowiesz się o istnieniu krótszej lub wygodniejszej trasy). Z tego powodu usuwanie pewnych nawyków bywa bardzo trudne. Oznacza bowiem wprowadzanie dużych zmian w twoim życiu, a to z kolei wiąże się z koniecznością wyjścia z tzw. strefy komfortu i zmierzenia się z niepewnością oraz lękiem.

Odruch warunkowy a zarządzanie czasem

Istnieją dwa główne rodzaje odruchów, które diametralnie się od siebie różnią. Mowa o odruchach warunkowych i bezwarunkowych. Brzmi znajomo, prawda? Prawdopodobnie uczyłeś się o nich na lekcjach biologii w szkole. Oto krótkie przypomnienie.

Odruch bezwarunkowy

Twój organizm jest tak skonstruowany, by reagować w odpowiedni sposób na bodźce docierające do niego ze środowiska zewnętrznego. Informacje z otoczenia odbierane są przez receptory, a następnie przechodzą drogę zwaną łukiem odruchowym i ostatecznie wywołują reakcję (np. cofnięcie ręki po dotknięciu czegoś gorącego), którą nazywamy odruchem.

Odruch bezwarunkowy to wrodzona reakcja na pewne bodźce, która zachodzi bez udziału twojej świadomości. Mówiąc prościej – to wszystkie czynności wykonywane bez zastanowienia. Nie musisz się ich uczyć, ponieważ dostajesz je w pakiecie już w momencie urodzenia. Mają cię chronić przed niebezpieczeństwami czyhającymi w otaczającym świecie. Odruchami bezwarunkowymi są m.in.:

- zamknięcie powieki po dotknięciu oka;
- cofnięcie ręki po ukłuciu igłą w palec;
- zmniejszanie się źrenic wraz ze zwiększaniem się natężenia światła.

Odruch warunkowy

Odruch warunkowy – w przeciwieństwie do bezwarunkowego – to reakcja, którą możesz wyćwiczyć na różnych etapach życia. Jest wyuczona i zachodzi przy udziale twojej świadomości. Ta właściwość sprawia, że możesz się jej również oduczyć, choć jest to już trudniejsze zadanie. Człowiek wyrabia w sobie wiele odruchów warunkowych sprawiających, że może wykonywać czynności szybko i bez konieczności podejmowania od nowa tych samych decyzji.

Klasycznym przykładem odruchu warunkowego jest ślinienie się na widok cytryny. Dlaczego tak się dzieje? Twój organizm na przestrzeni lat nauczył się, że owoc ten jest bardzo kwaśny. Próbując zjeść plasterek cytryny, za każdym razem silnie pobudzałeś swoje receptory smakowe, czego rezultatem było obfite ślinienie się. Z czasem okazało się, że wystarczy jedynie, abyś spojrzał na kształt i kolor tego owocu lub nawet usłyszał słowo „cytryna", by odruch zadziałał.

Ciekawostka

Odruchy warunkowe badał **Iwan Pawłow**[14], znany rosyjski fizjolog i laureat Nagrody Nobla w dziedzinie fizjologii lub medycyny z 1904 r. Pawłow przeprowadził eksperymenty z udziałem psów – badał ich reakcję na pokarm. Na początku określił, że obecność jedzenia w pysku zwierząt jest pierwotnym bodźcem kluczowym, który wywołuje odruch bezwarunkowy – ślinienie się poprzez podrażnienie odpowiednich receptorów. Z czasem dołączył do badania tzw. bodziec obojętny, którym w tym przypadku był dźwięk dzwonka. Psy słyszały go tuż przed otrzymaniem posiłku, jednocześnie widząc jedzenie i czując jego zapach. W wy-

[14] Więcej na temat Iwana Pawłowa i jego badań naukowych przeczytasz w: Ezras Asratovich Asratyan, *I. P. Pavlov: His Life and Work*, Foreign Languages Pub. House, Moskwa 1953.

niku wielokrotnego powtarzania tego schematu bodźce obojętne przekształciły się we wtórne bodźce kluczowe. Po jakimś czasie psy zaczęły ślinić się już na sam dźwięk dzwonka – odruch ten Pawłow nazwał warunkowym.

To właśnie opisane powyżej odruchy warunkowe odgrywają ogromną rolę w szeroko pojętym rozwoju osobistym oraz nauce zarządzania czasem. Pozwalają uczyć się nowych rzeczy i szybko na nie reagować. Mogą więc zostać wykorzystane do dwóch podstawowych celów:

- tworzenia nawyków ułatwiających efektywniejsze zarządzanie czasem;
- eliminacji niechcianych przyzwyczajeń, które utrudniają codzienne planowanie.

Zastanawiasz się, jak wykorzystać te możliwości w swoim życiu? Najważniejsze jest, abyś zaczął dostrzegać odruchy warunkowe, którym podlegasz, i spróbował określić ich charakter. Obserwowanie własnych reakcji i zachowań to jedyny sposób, który umożliwi ci przejęcie kontroli nad swoimi przyzwyczajeniami. Wielokrotnie powtarzając niektóre czynności i kojarząc je z odpowiednim czynnikiem (np. nagrodą w postaci przerwy na kawę lub czytanie książki), możesz sprawić, że wejdą ci w nawyk. Nieco inaczej jest z niechcianymi odruchami, które utrudniają lub uniemożliwiają efektywne zarządzanie czasem. Tutaj ważne jest, by zauważyć nadchodzącą sytuację, w której występuje niechciany odruch. Wiedząc o tym, możesz świadomie mu się oprzeć. Tego typu ćwiczenia powtarzane codziennie mogą przynieść wspaniałe rezultaty – pozbędziesz się uprzykrzających życie odruchów. Przyjrzyj się poniższemu przykładowi, który pozwoli ci lepiej zrozumieć schemat eliminowania zbędnych nawyków.

Przykład

66

Mateusz jest tłumaczem tekstów i na co dzień pracuje w domu. Wiele godzin spędza przed laptopem. Ostatnio zauważył, że ma denerwujący nawyk, który opóźnia jego pracę i powoduje spadek efektywności. Za każdym razem, gdy uruchamia komputer, odruchowo włącza przeglądarkę stron internetowych, by odwiedzić portal społecznościowy i zalogować się na swoje konto pocztowe. Robi to, nawet kiedy nie wykorzystuje internetu w pracy, np. gdy od kilku dni pracuje nad tym samym projektem i jedyne, czego potrzebuje, to zestaw słowników i program do edycji tekstów. Co więcej, gdy musi przetłumaczyć skomplikowany fragment, traci koncentrację i ponownie sprawdza skrzynkę mailową. Przeglądanie portalu społecznościowego skutkuje zazwyczaj znalezieniem ciekawych artykułów, które dodatkowo rozpraszają jego uwagę. Jak łatwo się domyślić, oznacza to stratę zarówno czasu, jak i energii. Mateusz postanawia więc pozbyć się tego utrudniającego życie nawyku.

Na początku zauważa niepożądany odruch dopiero w trakcie przeglądania stron internetowych, ale z czasem udaje mu się to zrobić z wyprzedzeniem, jeszcze zanim postąpi zgodnie ze złym nawykiem. To pierwszy poważny krok Mateusza do pozbycia się tego zwyczaju. Postanawia zacząć od przygotowania się do pracy. Siada przy biurku i przed włączeniem komputera zastanawia się, co mu będzie potrzebne. Przynosi zestaw słowników, notatnik i długopis. Spisuje ewentualne rzeczy, które zechce sprawdzić w internecie. Wyznacza sobie też bodziec motywujący – po przetłumaczeniu określonej ilości tekstu zrobi regenerującą przerwę. To czas na zaparzenie kawy i przeglądanie stron internetowych. Może wtedy zająć się tym, co sprawia mu przyjemność, a nie jest bezpośrednio związane z pracą. Po kilku tygodniach takich starań Mateusz zauważa, że coraz częściej udaje mu się oprzeć nawykowi bezmyślnego sprawdzania skrzynki mailowej i portalu społecznościowego. Oczywiście od czasu do czasu ulega pokusie, ale dzieje się to coraz rzadziej i dzięki temu ma mniejszy wpływ na efektywność jego pracy.

99

Przykład Mateusza pokazuje, że eliminowanie niechcianych nawyków jest bardzo trudne i czasochłonne. Warto robić to stopniowo, małymi krokami. Prędzej czy później zaczniesz zauważać pierwsze efekty swoich starań, lepiej wykorzystując czas. Rezultat ten wart jest ciężkiej pracy i poświęcenia. Pamiętaj również, by nie oczekiwać od siebie zbyt wiele. Jeśli zauważyłeś u siebie złe nawyki, które utrudniają zarządzanie czasem, eliminuj je jeden po drugim. Dzięki temu szansa, że ci się powiedzie, będzie znacznie większa, niż gdybyś próbował poradzić sobie z nimi jednocześnie.

Pięć przydatnych nawyków

Wiesz już, jak kształtują się szkodliwe przyzwyczajenia i jak można pozbyć się ich z życia. Poznaj teraz pięć przydatnych nawyków, które pomogą ci zaoszczędzić czas i sprawią, że będziesz lepiej nim zarządzał.

1. Przygotowywanie ubrań

Ten niezwykle użyteczny nawyk polega na wcześniejszym planowaniu, jakie ubrania założysz następnego dnia. Zapewne zapytasz teraz: czy pozwoli to zaoszczędzić czas, skoro i tak muszę tę czynność wykonać? Odpowiedź brzmi „tak", chociaż na pierwszy rzut oka trudno to zauważyć.

Jeśli codziennie wychodzisz do pracy wcześnie, poranne wybieranie stroju, często połączone z jego prasowaniem, może być uciążliwe. Poranek to ważna część dnia – często to od niego zależy, jaki będziesz mieć nastrój w kolejnych godzinach i z jakim nastawieniem opuścisz mieszkanie. Dlatego lepiej wykorzystać ten czas na inne czynności niż gorączkowe przeglądanie zawartości szafy i pośpieszne prasowanie ubrań. Przygotowując strój dzień wcześniej, możesz rano pospać nieco dłużej lub przygotować bardziej wartościowe śniadanie. Poza tym przyszykowanie odpowiedniej garderoby wieczorem zajmie ci mniej czasu niż rano, ponieważ tuż po przebudzeniu mózg potrzebuje dłuższej chwili, żeby się „rozruszać".

Wcześniejsze przygotowanie ubioru ma jeszcze jedną korzyść – unikniesz przykrych niespodzianek. Przykładowo, jeśli we wtorek wybierasz się na rozmowę kwalifikacyjną do nowego miejsca pracy, przygotuj strój już w poniedziałek. Dobierz pasujący na tę okazję zestaw, wyczyść go i wyprasuj. W przeciwnym razie tuż przed wyjściem może cię czekać przykra niespodzianka – zauważysz plamę na najlepszej koszuli lub brak guzika w marynarce. Wtedy nie będzie już czasu, by coś z tym zrobić, i w pośpiechu będziesz musiał szukać zastępczego ubrania. Szykując strój dzień wcześniej, masz szansę naprawić sytuację.

2. Planowanie posiłków

Dobrym nawykiem jest też wcześniejsze przygotowywanie posiłków. Pozwala ono zarówno oszczędzić czas, jak i poprawić jakość życia. Czasami jesteś zbyt zapracowany, by zaplanować codzienne menu, a gdy poczujesz się bardzo głodny, kupujesz coś do zjedzenia na szybko w pobliskim sklepie (np. słodką bułkę lub hot doga). Zamiast pożywnego obiadu zadowalasz się zjedzeniem czegoś na mieście. W ten sposób nie oszczędzasz ani czasu, ani pieniędzy. Planowanie i przygotowywanie posiłków z wyprzedzeniem pozwoli ci to zmienić. W książce kucharskiej lub internecie znajdziesz wiele przepisów na szybkie i tanie dania, które zrobisz w 20–30 minut. Jak więc najlepiej zaplanować swój posiłek?

Po wybraniu interesującego cię przepisu spisz listę potrzebnych produktów spożywczych. Zakupy możesz zrobić w drodze powrotnej z pracy. Pamiętaj, żeby kupić ilość składników potrzebnych na kilka porcji, zwłaszcza jeśli przygotowujesz posiłek dla większej liczby osób. Dobrym pomysłem jest ugotowanie obiadu na dwa lub nawet trzy dni – nie będziesz zaprzątał sobie tym głowy przez jakiś czas i zajmiesz się ważniejszymi zadaniami. Jest to również rozwiązanie tańsze niż codzienne gotowanie.

Jeśli większość czasu spędzasz poza domem, możesz przygotować porcję obiadową w pojemniku, który zabierzesz ze sobą i odgrzejesz np. w kuchence mikrofalowej w pracy. Jeżeli natomiast wolisz zjeść obiad w domu, nie zapomnij o drugim śniadaniu i przekąskach – będziesz mógł je zjeść w ciągu dnia. Łatwiej jest przetrwać osiem godzin wytężonej pracy, gdy masz zrobioną przez siebie sałatkę, kanapki lub owoce. Przyrządzenie ich to kwestia kilku minut – możesz zająć się tym, przygotowując poranne śniadanie. Dzięki temu nie będziesz musiał wykorzystywać przerwy w pracy na wyjście do sklepu lub pobliskiej restauracji, a spożytkować ten czas w przyjemniejszy sposób.

3. Organizacja przestrzeni

Organizowanie przestrzeni wokół siebie to kolejny pożyteczny nawyk, gdyż bałagan znacząco obniża efektywność. Wyobraź sobie, że próbujesz zabrać się do pracy, ale na biurku panuje nieporządek, który uniemożliwia ci znalezienie potrzebnych dokumentów lub notatek. Tracisz czas na to, by je znaleźć, a kiedy wreszcie ci się to uda, rozpraszają cię znajdujące się wokół niepotrzebne przedmioty. Zamiast skupić się na właściwym zadaniu, przenosisz uwagę na drobiazgi znajdujące się na biurku.

Wiele osób twierdzi, że najlepiej pracuje się im w tzw. artystycznym nieładzie. Jednak nie jest to prawda. Może się wydawać, że w takich warunkach myśli płyną lepiej i szybciej, gdyż tracisz mnóstwo czasu i energii na rozmyślania o rzeczach niezwiązanych z przedmiotem twojej pracy. Całe szczęście nie musi tak być. Kiedy raz uporządkujesz swoje miejsce pracy, zrozumiesz, jak dużo czasu pozwala to zaoszczędzić.

Dobrym pomysłem jest posegregowanie leżących na biurku papierów, umieszczenie ich w odpowiednich teczkach i dokładne opisanie. Jeśli jakieś rzeczy lubisz mieć pod ręką, kup pojemnik do przechowywania bieżących dokumentów lub umieść je na półce nad biurkiem. Potem wystarczy tylko, że stworzysz listę aktualnych projektów i po kolei będziesz się nimi zajmował. Podobny system organizacji możesz wprowadzić w domu – przyda się np. przy porządkowaniu rachunków lub paragonów.

Wskazówka

Efektywna praca w „twórczym bałaganie” to mit. Takie próby są z góry skazane na niepowodzenie. Zadbaj o porządek wokół siebie, a przełoży się to na skuteczną organizację myśli w twojej głowie i na lepsze efekty. Zacznij od posegregowania dokumentów na biurku i usuń z niego niepotrzebne przedmioty. Pamiętaj, że porządkowanie nie potrwa długo, a zyskasz dzięki temu wiele czasu w przyszłości.

Istnieje jeszcze jedna zaleta organizowania przestrzeni w miejscu pracy. Może się zdarzyć, że zachorujesz i będziesz musiał wziąć kilkudniowe zwolnienie lekarskie. W niektórych firmach w takiej sytuacji konieczne jest zastępstwo. Chaos na twoim biurku sprawi, że nikt nie będzie mógł się zorientować, na jakim etapie zostawiłeś pracę, co już zostało zrobione, a czym należy się jeszcze zająć. Wówczas dobra organizacja przestrzeni i utrzymywanie porządku ułatwi pracę nie tylko tobie, lecz także ewentualnym osobom, które będą cię zastępować. Z tego samego powodu zadbaj również o przestrzeń wirtualną, czyli o porządek w komputerze, na którym pracujesz. Więcej na ten temat przeczytasz w rozdziale 5.

4. Zakupy online

Ten nawyk nie każdemu przypadnie do gustu. Niektórzy lubią zobaczyć produkty na własne oczy, dotknąć ich czy je przymierzyć. Jeśli tak jest w twoim przypadku, ten zwyczaj nie wyda ci się atrakcyjny. Jednak czasami może okazać się bardzo przydatny.

Zakupy online to przede wszystkim oszczędność czasu. Wszystko możesz kupić w zaledwie kilkanaście minut, siedząc przed monitorem komputera. Nie musisz wychodzić do centrum handlowego jedynie po to, by nabyć nowy zestaw ubrań. Większość stron internetowych podaje dokładny opis rozmiarówki. Wystarczy tylko zmierzyć się w kilku miejscach i wybrać odpowiedni rozmiar. Oczywiście nic nie zastąpi możliwości faktycznego przymierzenia spodni lub kurtki, ale dla osób żyjących w ciągłym biegu zakupy online mogą okazać się najwygodniejszym wyborem. Szukaj takich sklepów, które dają ci możliwość zwrotu towaru na wypadek, gdyby na ciebie nie pasował lub nie sprostał twoim oczekiwaniom – wówczas ryzykujesz co najwyżej utratę kilku złotych na wysyłkę (a i to nie zawsze).

Możesz również kupować określone produkty w hurtowej ilości z dostawą do domu (np. karmę dla psa, żwirek dla kota lub proszek do prania). Wówczas nie tylko oszczędzasz czas i pieniądze, lecz także nie musisz dźwigać zakupów.

Ciekawostka

Nie wszyscy wiedzą o istnieniu tzw. kooperatyw spożywczych. Są to spółdzielnie zrzeszające ludzi, którzy wspólnie zamawiają tanie i ekologiczne produkty, m.in. świeże owoce, warzywa, sery i mięso. Po przywiezieniu zakupów organizowane są spotkania, podczas których produkty są rozdawane członkom kooperatywy. To nie tylko sposób na kupowanie zdrowego i taniego pożywienia, lecz także doskonała okazja do zaangażowania się w ciekawą inicjatywę społeczną i poznania nowych ludzi.

5. Cykliczne zarządzanie czasem

Dobrym nawykiem w zarządzaniu czasem jest planowanie cykliczne. Była już o nim mowa m.in. w rozdziale 2.

Oprócz planowania w perspektywie tygodnia lub miesiąca warto także organizować czas w skali roku. Na czym to polega? Otóż chodzi o ustalenie z kilkumiesięcznym wyprzedzeniem, kiedy najlepiej zająć się określonymi sprawami. Dotyczy to czynności, które wykonujesz co roku mniej więcej w tym samym czasie i zdarza ci się o nich zapomnieć lub zajmować się nimi na ostatnią chwilę. Stosując metodę planowania cyklicznego, nie musisz się już obawiać, że ważne obowiązki wypadną ci z głowy. Wystarczy umieścić je w kalendarzu, przyporządkowując do odpowiedniego miesiąca, lub spisać na kartce, którą przypniesz w widocznym miejscu (np. na lodówce).

Zastanawiasz się, jakie zadania możesz planować w perspektywie roku? Poniżej znajdziesz kilka przykładów.

- **Kupowanie prezentów świątecznych** – najlepiej zaplanować je na kilka tygodni przed świętami (np. na początku grudnia lub pod koniec listopada). Pozwoli to uniknąć przedświątecznego zamieszania i tłumów w centrach handlowych, a także zaoszczędzić trochę pieniędzy. Większość ludzi odkłada zakup prezentów na ostatnią chwilę – nie bądź jednym z nich.
- **Składanie życzeń urodzinowych** – pamięć ludzka bywa zawodna, dlatego daty urodzin bliskich ci osób zapisz w miejscu, do którego będziesz regularnie zaglądać. W tym przypadku jednym z lepszych pomysłów jest ustawienie specjalnych przypomnień w kalendarzu w komputerze lub telefonie komórkowym. Dostosuj je tak, by przypominały o zbliżającym się dniu z wyprzedzeniem np. kilkunastu godzin, doby lub tygodnia.
- **Planowanie urlopu** – wcześniejsze ustalenie terminu wakacji to jeden z najbardziej oczywistych podpunktów tej krótkiej listy. Niezależnie od tego, czy będą to trzy dni czy dwa tygodnie, wybranie odpowiedniej daty urlopu z kilkumiesięcznym wyprzedzeniem to doskonały pomysł. Zdążysz zarezerwować nocleg w miejscu, do którego się wybierasz, kupić bilety na wyjazd oraz szczegółowo zaplanować wycieczkę. Jeśli masz dzieci, pomyśl, aby dostosować termin urlopu do ferii zimowych lub letnich wakacji.
- **Wykonywanie ważnych obowiązków w pracy** – np. oddanie projektu, nad którym pracowałeś przez kilka ostatnich miesięcy, lub zdanie raportu, jaki przedstawiasz szefowi co roku w tym samym czasie. Dzięki planowaniu takich spraw z wy-

przedzeniem będziesz mógł zająć się nimi we właściwym momencie i rozłożyć na mniejsze części.

- **Rozliczanie się z urzędem skarbowym** – nie należy do najprzyjemniejszych zadań, ale prawie każdy wcześniej czy później musi się tym zająć. Jeśli pracujesz i zarabiasz, dotyczy to także ciebie. Nie odkładaj tego obowiązku na ostatnią chwilę, ponieważ niepotrzebnie obciążysz się stresem i bezsennością. Lepiej więc zaplanuj z odpowiednim wyprzedzeniem termin rozliczania się z urzędem skarbowym.

Do planowania cyklicznego można też zaliczyć zarządzanie finansami w czasie. Polega ono na comiesięcznej kontroli wydatków na podstawie paragonów, faktur i rachunków oraz dokładnym ustaleniu, na co i w jakiej kwocie chcesz przeznaczać pieniądze. Zarządzanie finansami zacznij od szczegółowego spisywania kwot, które wydajesz, i wyeliminowania zbędnych wydatków. Pomoże ci w tym **zasada 6 słoików**[15], według której możesz podzielić wpływy finansowe w następujący sposób:

- **55% – potrzeby życiowe i wydatki konieczne:** m.in. rachunki, żywność, paliwo do samochodu, spłata rat kredytu;
- **10% – oszczędności:** pieniądze odkładane na przyszłość, np. na specjalne konto inwestycyjne;
- **10% – wydatki długoterminowe lub nieprzewidziane:** m.in. naprawa zepsutych sprzętów domowego użytku, np. zmywarki, lub zakup nowych urządzeń;
- **10% – edukacja:** pieniądze przeznaczane na szkolenia, warsztaty i podręczniki (dla ciebie lub twoich dzieci);
- **10% – przyjemności:** kwota, którą co miesiąc możesz w całości wydać na rzeczy, które lubisz, np. wyjście do kina, restauracji, weekendową wycieczkę lub zwiedzanie muzeum;

---

[15] T. Harv Eker, *Bogaty albo biedny. Po prostu różni mentalnie!*, tłum. Witold Turopolski, Studio Emka, Warszawa 2014.

- **5% – inni ludzie i działalność charytatywna:** m.in. prezenty urodzinowe, imieninowe lub świąteczne, ale również wspieranie finansowe fundacji, schronisk dla zwierząt, udział w akcjach dobroczynnych.

Do rozporządzania finansami w ten sposób wystarczy ci po prostu sześć słoików lub kopert, czyli specjalne miejsca, w których będziesz mógł gromadzić pieniądze, albo dokładne spisywanie kwot w tabeli o sześciu rubrykach. Oczywiście metoda ta może być odpowiednio modyfikowana w zależności od sytuacji. Jeśli twoje zarobki nie pozwalają na taki sposób zarządzania pieniędzmi, nic nie szkodzi. Przykładowo, jeśli 70% całej kwoty, którą dysponujesz, zostaje przeznaczonych „na życie", możesz zrezygnować z 5% na działalność charytatywną i odpowiednio zmniejszyć ilość gotówki przeznaczanej na poszczególne cele (np. z 10 na 5–8%). Wszystko zależy od ciebie i twoich możliwości. Zasada 6 słoików ma za zadanie nauczyć cię rozsądnie gospodarować pieniędzmi – nawet po wprowadzeniu pewnych modyfikacji idea pozostanie taka sama.

Dlaczego warto mówić o kontrolowaniu wydatków w kontekście planowania? Rozsądne zarządzanie finansami, oprócz oczywistych korzyści, jakie ze sobą niesie (kontrolowania wydawanych pieniędzy w taki sposób, żeby starczyło ich do następnej wypłaty), pozwala również dostrzec potrzebę spędzania czasu w określony sposób. Przeznaczanie co miesiąc 10% twoich zarobków na przyjemności da ci wiele nowych okazji do przebywania z bliskimi osobami. Co kilka tygodni możesz wymyślać nowy cel, na jaki spożytkujesz tę kwotę – może będzie to pierwszy w życiu rodzinny wypad na lodowisko albo zwiedzanie galerii sztuki, którą zawsze chciałeś odwiedzić? Dzięki kontrolowaniu finansów zaczniesz robić rzeczy, na które wcześniej nigdy nie starczało ci czasu.

Organizacja czasu pracy

Na temat odnajdywania równowagi między życiem osobistym a zawodowym, wprowadzania do codzienności dobrych nawyków oraz pomocnych narzędzi dowiedziałeś się już wiele. Niekiedy jednak, mimo starań i szczerych chęci, wszystko idzie nie po twojej myśli. Nawet jeśli dokładnie określiłeś priorytety i starasz się je uwzględniać w codziennych wyborach, czasem życie się komplikuje. Obowiązków przybywa, a twoja praca wysuwa się na pierwszy plan i przysłania wszystko inne, mimo że tego nie chcesz. Jak sobie z tym radzić? Czy wynika to faktycznie z liczby spraw, które masz do załatwienia, czy ze sposobu, w jaki organizujesz czas swojej pracy? W tym podrozdziale poznasz odpowiedzi na te pytania i dowiesz się, jakich metod radzenia sobie w trudnych sytuacjach możesz użyć.

Codzienne obowiązki, szczególnie te związane z pracą, wykonuj sprytnie. W ten sposób szybciej je zakończysz i lepiej wykorzystasz czas, który musiałbyś na nie przeznaczyć. Jeśli podchodzisz do nich nieprzygotowany i bez sprecyzowanego planu działania, rozwleka to zadania na wiele godzin i obniża twoją wydajność. W rezultacie pracujesz dłużej i z gorszymi efektami, niż gdybyś wcześniej przemyślał swoje działania i wykorzystał potencjał, jaki pociąga za sobą spryt.

„Działaj sprytnie" to oczywiście świetna rada, ale sama w sobie niewiele oznacza. Bo na czym właściwie miałoby to polegać? Jak wykorzystać spryt i w jaki sposób wprowadzić w życie? Sprytnego działania można się nauczyć i może to zrobić każdy – nie ma w tym nic trudnego. Za chwilę przekonasz się, jak tego dokonać.

Potęga małych kroków

Na pewno nieraz słyszałeś o terminie „prokrastynacja" (z łac. *procrastinatio* – zwłoka, odroczenie). Najprościej mówiąc, jest to tendencja do ciągłego przekładania zadań na później, czyli zwlekanie z ich wykonaniem. Trudno byłoby znaleźć osobę, której nie zdarza się odkładać obowiązków na bliżej nieokreśloną przyszłość pod wieloma, często błahymi, pretekstami. Prokrastynacja to wróg sprytnego działania i jeden z głównych błędów w zarządzaniu czasem, o czym była już mowa w rozdziale 1.

Czemu odkładasz załatwienie spraw na później? Jedną z przyczyn jest lenistwo i brak motywacji, o których czytałeś już w poprzednich rozdziałach. Jednak istnieje również inna przyczyna, która uniemożliwia zabranie się do pracy. Z pewnością zdarzyło ci się, że nie wiedziałeś, od czego zacząć, i ostatecznie zdecydowałeś, iż zastanowisz się nad tym później. Obowiązki cię przerosły i postanowiłeś zająć się nimi kiedy indziej – zabrakło ci sił, żeby myśleć o tym w danej chwili.

W takich sytuacjach pomoże ci praca **metodą projektu**. Poniższy przykład pozwoli ci zrozumieć, na czym ona polega.

Przykład

Andrzej pracuje jako stolarz. Wykonuje meble i dostosowuje je do potrzeb klientów. Zazwyczaj są to projekty, które robi od lat, więc nie sprawiają mu trudności. Dokładnie wie, ile czasu zajmie mu praca i jak najlepiej się do niej zabrać. Czasami jednak zdarza się, że ktoś przychodzi z nowym pomysłem i stawia przed Andrzejem wymagające zadanie. Właśnie taka sytuacja zdarza się w pewne czwartkowe przedpołudnie.

Stolarz kończy drugie śniadanie, kiedy w jego zakładzie pojawia się klient z zamówieniem. Dotyczy ono nietypowego modelu stołu, który Andrzej widzi po raz pierwszy w życiu. Przyjmuje zamówienie, ustala termin oddania mebla na przyszły tydzień, a po wyjściu interesanta siada nad projektem, by lepiej mu się przyjrzeć.

Nie wie, od czego zacząć, bo praca wydaje mu się wyjątkowo skomplikowana. Najchętniej odłożyłby wykonanie stołu na później, ale takie rozwiązanie przecież nie wchodzi w grę. Ma tydzień na jego wykonanie i doskonale wie, że odkładanie zadania na ostatnią chwilę nie ułatwi sprawy. Postanawia więc zmobilizować się i podzielić projekt na kilka drobniejszych elementów, które spisuje na kartce. Lista małych kroków, które uwzględnił, wygląda następująco:

1. *Poszukać podobnych modeli mebli w internecie.*
2. *Obejrzeć filmy instruktażowe.*
3. *Zadzwonić do kolegi stolarza z prośbą o wskazówki.*
4. *Wybrać odpowiedni rodzaj i ilość drewna.*
5. *Przygotować miejsce pracy.*
6. *Dokonać odpowiednich pomiarów.*
7. *Przygotować szkic.*
8. *Zabrać się do wykonania stołu.*

Po rozłożeniu zadania na mniejsze części Andrzejowi dużo łatwiej wziąć się do pracy. Wie już, od czego powinien zacząć, a poszczególne etapy pracy nie wydają się tak skomplikowane jak całość zamówienia.

99

Powyższy przykład idealnie obrazuje, jakie korzyści możesz wynieść z pracy metodą projektu. Zadania, które z pozoru wydają się skomplikowane, staną się dużo łatwiejsze, jeśli podejdziesz do nich z właściwej strony. Rozkładając je na mniejsze czynności i wykonując krok po kroku, nie musisz się już martwić, że nie będziesz wiedział, od czego zacząć.

Innym przykładem jest samo zabieranie się do trudnej pracy, niezależnie od tego, czego dotyczy. Kiedy masz przed sobą skomplikowane zadanie, trudno ci się zmobilizować do działania. Wówczas zaczynasz je odwlekać. Wyznaczanie sobie konkretnych godzin, np.: „O 12:00 na pewno zabiorę się do pracy" albo: „Jak tylko zjem obiad, zacznę działać", zwykle nie przynosi oczekiwanego rezultatu. Gdy przychodzi określony czas, znajdziesz każdą możliwą wymówkę, by usprawiedliwić prokrastynację („Jeszcze tylko sprawdzę pocztę, zrobię herbatę, zadzwonię zapytać, co u babci, obejrzę 20-minutowy odcinek serialu..."). Znacznie lepiej zadziała więc podzielenie zadania na etapy i dokładne określenie pierwszej czynności, którą musisz wykonać. W tym przypadku będzie to np.: „O godzinie 12:00 wezmę kartkę, długopis i usiądę przed komputerem. Wcześniej wyłączę wszystkie portale społecznościowe i niepotrzebne strony internetowe". Zwróć uwagę, że nie ma tutaj jeszcze mowy o konkretnej pracy, którą masz do wykonania. Pierwszy etap zadania jest znacznie prostszy, co z pewnością zdoła przekonać twój mózg do jego wykonania. Kiedy już usiądziesz przed komputerem, pozbawiony możliwości rozproszenia się ciekawym artykułem w internecie lub wiadomością od znajomego, łatwiej zrealizujesz pozostałe elementy pracy. Nie mając nic innego do roboty, zaczniesz zastanawiać się nad kolejnym etapem i szansa, że ten również wykonasz, znacząco wzrośnie.

Zapamiętaj

Niezależnie od tego, czego dotyczy twoje zadanie i jakie etapy sobie wyznaczysz, ważne jest tylko jedno – zmierzaj do celu małymi krokami i skupiaj się na każdym z nich z osobna, a z pewnością uda ci się pokonać nawyk odkładania spraw na później.

Szerszym pojęciem, które zawiera w sobie pracę metodą projektu, jest filozofia ***kaizen***[16]. Ta japońska filozofia biznesowa polega na nieustannym ulepszaniu działań poprzez wprowadzanie drobnych zmian. Oznacza to zmierzanie do celu małymi krokami. Zgodnie z tą zasadą zamiast od razu wprowadzać przełomowe zmiany w życiu, lepiej skupić się na poprawianiu poszczególnych błędów i doskonaleniu codziennych nawyków. Oprócz organizacji czasu pracy, co zostało opisane powyżej, filozofia *kaizen* znajduje zastosowanie niemal w każdym, dowolnie wybranym aspekcie życia. Działając zgodnie z tą ideą, możesz bezboleśnie i skutecznie wprowadzić duże zmiany do swojej codzienności, choć z pozoru wydaje się to niemożliwe. Poniżej znajdują się przykłady trzech sytuacji, w których filozofia *kaizen* znajdzie doskonałe zastosowanie.

- Wyobraź sobie, że od zawsze chciałeś nauczyć się języka fińskiego. Brakuje ci jednak motywacji, by się do tego zabrać, a nie masz pieniędzy, żeby zapisać się na kurs. Samodzielna nauka tak trudnego języka wydaje się zupełnie nierealna. Istnieje jednak prosty sposób, by to zmienić, który nie obciąży

[16] Więcej na temat filozofii kaizen przeczytasz w: Robert Maurer, *Filozofia kaizen. Jak mały krok może zmienić twoje życie*, tłum. Cezar Matkowski, Helion, Gliwice 2013.

cię nadmiernie. Zamiast planować naukę skomplikowanych zwrotów i gramatyki, zacznij od kilku słówek dziennie. Wystarczy ok. 15 minut każdego dnia, by wprowadzić ten pomysł w życie. Możesz w tym czasie uczyć się np. 10 nowych słówek lub korzystać z aplikacji do nauki fińskiego pobranej na telefon komórkowy. Będziesz mieć stały kontakt z językiem i opanujesz podstawy, dzięki którym później łatwiej przejdziesz do trudniejszych zagadnień.

- Wyobraź sobie, że chcesz zrzucić kilka kilogramów. Zmniejszanie masy ciała nie należy do najłatwiejszych zadań, więc na pewno nie uda się tego zrobić z dnia na dzień ani nawet z tygodnia na tydzień. Zamiast stawiać przed sobą tak duży i mało konkretny cel, zacznij wprowadzać do swojego życia szereg małych zmian. Nieodłącznymi elementami chudnięcia są wysiłek fizyczny i zdrowe odżywianie. Zapomnij o głodówce i błyskawicznych efektach – takie zwykle nie utrzymują się zbyt długo, a jedynie przysparzają cierpienia. Zamiast tego możesz np. zacząć biegać. Na początek na krótki dystans, który w kolejnych dniach (lub tygodniach) będziesz sukcesywnie zwiększać o kilkaset metrów. Oprócz tego możesz stopniowo zastępować niezdrowe posiłki bardziej dietetycznymi odpowiednikami. Zanim się obejrzysz, zmienisz całkowicie styl życia. Bezboleśnie i bez większego wysiłku.
- Wyobraź sobie, że codziennie po przyjściu z pracy robisz sobie drzemkę. Nawyk ten w ostatnim czasie stał się problemem. Często się zdarza, że twoja popołudniowa drzemka trwa nawet dwie godziny. Tracisz dużo czasu w ciągu dnia, a w nocy nie czujesz zmęczenia i kładziesz się spać bardzo późno. W ten sposób koło się zamyka – rano wstajesz niewyspany i jedyne, o czym marzysz, to drzemka, którą zafundujesz sobie zaraz po powrocie z pracy. Zrezygnowanie z takiej sjesty z dnia na dzień może okazać się niewykonalne, ponieważ twój organizm bę-

dzie domagał się popołudniowej dawki snu i nie pozwoli ci na niczym się skoncentrować. I tu na pomoc przychodzi filozofia *kaizen* – za każdym razem, gdy udajesz się na drzemkę, ustaw budzik. Zacznij od dwóch godzin i codziennie zmniejszaj czas trwania sjesty o pięć minut. Postaraj się też kłaść wcześniej spać – nie powinno być to problemem, ponieważ ograniczając czas spania po południu, szybciej odczujesz zmęczenie wieczorem. Po jakimś czasie okaże się, że twoja drzemka trwa tylko 10 minut, a ty nawet nie zauważysz różnicy.

Wniosek z powyższych przykładów jest prosty. Filozofię *kaizen* można wykorzystywać w wielu sytuacjach życiowych jako element rozwoju osobistego. Spróbuj i przekonaj się sam.

Perfekcjonizm – wróg metody małych kroków

Jednym z największych wrogów pracy metodą małych kroków jest perfekcjonizm. Prawdopodobnie zdziwisz się, czytając te słowa, i w pierwszym odruchu zaczniesz zaprzeczać. „Przecież perfekcyjne wykonanie zadania to opcja najlepsza z możliwych. Nie powinno się zaniżać standardów". To stwierdzenie jest częściowo zgodne z prawdą, jednak istnieje również druga strona medalu. Perfekcjonizm jest podejściem idealistycznym, który najczęściej oznacza próbę osiągnięcia niemożliwego. W efekcie kradnie czas, odbiera siłę i energię. W jaki sposób? Nawyk ten prowadzi do sytuacji, w której tak bardzo chcesz dopracować dany etap pracy, że nie jesteś w stanie przejść do kolejnego. Zamiast posuwać się naprzód, drepczesz w miejscu i nieustannie odkładasz w czasie moment wykonania zadania. Perfekcjonizm w takim wydaniu nie tylko zabiera czas, lecz także stoi na przeszkodzie do rozwijania się i osiągania sukcesów.

Przykład

Alicja marzy o rozkręceniu własnego biznesu. Chciałaby sprzedawać ręcznie wykonane kartki okolicznościowe (świąteczne, urodzinowe, imieninowe itp.). Na razie nie jest jednak pewna swoich możliwości i nie wie, czy ma szansę sprzedać swoje produkty. Na początek postanawia stworzyć kilka wzorów kartek, które pokaże rodzinie i przyjaciołom, by mogli je ocenić. Pierwsze szkice powstają dość szybko, ale niedługo po rozpoczęciu projektu dziewczyna czuje, że utknęła w martwym punkcie. Praca nad jedną kartką zajęła jej kilka dni, a ona ciągle nie jest zadowolona z efektów. Co jakiś czas przerywa i zaczyna od początku, chcąc stworzyć idealny wzór, który sprosta jej wygórowanym oczekiwaniom. Postanawia, że dopiero kiedy będzie w 100% zadowolona, pokaże swoje dzieło innym. Szybko okazuje się, że jest to zadanie niewykonalne, i po dwóch tygodniach Alicja czuje się już całkowicie zniechęcona. Według niej kartka nadal nie jest idealna i wciąż wymaga poprawek. Porzuca pomysł rozkręcenia własnego biznesu, mimo że nawet nie pokazała nikomu swojej pracy i nie wie, co o jej dziele powiedzieliby inni. Jest przekonana, że pomysł był zupełnie nietrafiony, i rezygnuje z realizacji swojego marzenia.

Historia Alicji pokazuje, że przesadny perfekcjonizm może przeszkodzić nie tylko w wykonaniu pracy na czas, lecz także w spełnianiu marzeń. Bohaterka powyższego przykładu tak bardzo skupiła się na dopieszczeniu szczegółów projektu, że zrezygnowała z pokazania go innym. Po zebraniu opinii z najbliższego otoczenia wiedziałaby, które elementy wymagają jeszcze dopracowania lub zmiany, a które może zostawić (nawet jeśli nie są w jej mniemaniu idealne). Ta sytuacja pokazuje, jak niebezpiecznym wrogiem działania może okazać się perfekcjonizm.

Sytuacji, w których perfekcjonizm uniemożliwia realizację określonych celów, jest mnóstwo. Przykładowo, w twojej głowie rodzi się pomysł, który na pierwszy rzut oka wydaje się wart zrealizowania. Może być związany z pracą, np. znalazłeś świetny temat na artykuł do czasopisma, w którym pracujesz, albo masz propozycję usprawnienia sposobu komunikacji ze współpracownikami w firmie, w której jesteś zatrudniony. Jednak zamiast od razu przedstawić przełożonemu ten pomysł i wspólnie go przedyskutować, zaczynasz analizować i rozkładać go na czynniki pierwsze. Tak długo się zastanawiasz i próbujesz udoskonalić go we własnej głowie, że wkrótce wydaje ci się całkowicie niedorzeczny. W rezultacie pozostaje na zawsze w sferze niezrealizowanych planów, a ty nie masz szansy dowiedzieć się, jak zostałby odebrany przez innych.

Oczywiście odrzucenie perfekcjonizmu nie oznacza, że praca ma być wykonywana niestarannie. Kluczem do sukcesu jest nieustanne poprawianie błędów, doskonalenie się i wyciąganie wniosków. Nie bój się jednak pokazywać światu rzeczy, które zrobiłeś, nawet jeśli według ciebie nie są idealne. Dzięki temu dowiesz się, jak twoją pracę odbierają inni, i będziesz mógł we właściwy sposób ją udoskonalić. Pamiętaj, że to, co jest idealne w twoich oczach, niekoniecznie musi być tak postrzegane przez innych ludzi.

Zapamiętaj

> Obiektywnie patrząc, perfekcyjne wykonanie pracy jest niemożliwe. Zatem ważniejsze są rzeczy, które wykonałeś, a nie te, które próbowałeś doprowadzić do perfekcyjnego stanu, nie mieszcząc się jednocześnie w wyznaczonym limicie czasu. To, co zrobiłeś, w każdej chwili możesz poprawić

albo wyciągnąć wnioski, by nie popełniać kolejny raz tych samych błędów. Praca jakościowo dobra i akceptowalna nie jest równoznaczna z pracą idealną. Kiedy odpuścisz sobie nieustanny perfekcjonizm i przejmiesz nad nim kontrolę, zrobisz znacznie więcej i zaoszczędzisz sporo czasu.

Postaw się w trudnej sytuacji

Możesz przeczytać wiele wskazówek na temat tego, jak kierować się sprytem w codziennym działaniu, ale tak naprawdę istnieje tylko jeden sposób, by się tego nauczyć – wykorzystanie tej umiejętności w praktyce. Będzie to możliwe wówczas, gdy postawisz się w trudnej sytuacji i znajdziesz się w warunkach, które będą wymagały od ciebie większego zaangażowania. Stanowi to jednocześnie kolejny, bardziej zaawansowany stopień wtajemniczenia na drodze do efektywnego zarządzania czasem.

Często słyszy się, że dla rodziców prawdziwą szkołą efektywnego zarządzania czasem są narodziny pierwszego dziecka. Mija kilka tygodni i okazuje się, że organizowanie codziennego życia przychodzi naturalnie, choć nie zawsze jest to łatwe i przyjemne. Rodzice stają się mistrzami sprytnego wykorzystywania czasu, a przecież nie uczą się tego wcześniej. Ta umiejętność kształtuje się sama i jest ściśle związana ze stopniem trudności aktualnej sytuacji – można to porównać do skoku na głęboką wodę.

Oczywiście nie oznacza to, że dopiero gdy w twoim domu pojawi się dziecko, masz szansę nauczyć się sprytnego działania. Sam również możesz stworzyć sobie trudne warunki, w których będziesz miał okazję wypróbować tę umiejętność w praktyce. Wystarczy, że zaangażujesz się w dodatkowe aktywności i wpiszesz do kalendarza więcej zadań. Nie muszą to być od razu bardzo obciążające obowiązki związane np. z pracą. Możesz wymyślić coś zupełnie nowego, co sprawi, że twój grafik stanie się bardziej napięty i jednocześnie będzie wyzwaniem, które z ochotą podejmiesz. Przykładowo, dobrym pomysłem jest zrealizowanie kilku zadań, które zaplanowałeś dopiero na następny tydzień lub miesiąc, albo zaangażowanie się w ciekawą inicjatywę społeczną (np. działalność dobroczynną lub pomoc w organizacji wydarzenia artystycznego w twoim mieście, jak festiwal lub wernisaż).

Zdziwisz się, jak duży wpływ na twoje życie może mieć taka sytuacja. Mając wiele rzeczy na głowie, zaczniesz wykorzystywać do maksimum każdą chwilę. Korzyści z postawienia się w trudnej sytuacji są co najmniej trzy:

- nauczysz się efektywnie zarządzać własnym czasem;
- przestaniesz zajmować się sprawami mało ważnymi i niepilnymi;
- zaczniesz doceniać czas wolny.

Ciekawostka

Zależność między liczbą zadań do wykonania a czasem, jaki jest do tego wykorzystywany, doskonale obrazuje **prawo Parkinsona**[17]. Mówi ono, że „praca rozszerza się tak, aby wypełnić czas dostępny na jej ukończenie" (ang. *work expands as to fill the time available for its completion*). Prawo to zostało sformułowane przez Cyrila Northcote'a Parkinsona, brytyjskiego historyka i pisarza, i odnosiło się do wszelkiego rodzaju struktur opartych na biurokracji. Z obserwacji Parkinsona

[17] Cyril Northcote Parkinson, *Prawo Parkinsona, czyli w pogoni za postępem*, tłum. Juliusz Kydryński, Książka i Wiedza, Warszawa 1992.

wynikało, że pracownik, otrzymując określoną ilość czasu na zrealizowanie danego zadania, zawsze wykona je w najpóźniejszym możliwym terminie, czyli na ostatnią chwilę.

Łatwo zauważyć, że prawo to dotyczy nie tylko urzędników. Rządzi ono niemal każdym aspektem ludzkiego życia – im większą ilością czasu dysponujesz na zrobienie czegoś, tym dłużej ci to zajmuje i tym chętniej odkładasz to na później. Uświadomienie sobie tej prawidłowości to pierwszy krok w kierunku jej zmiany. Mając więcej obowiązków i wyznaczając każdemu z nich krótkie, konkretne ramy czasowe, jesteś na najlepszej drodze do wyeliminowania prawa Parkinsona z twojego życia.

Sytuacje wymagające maksymalnego wykorzystywania każdej chwili to najlepszy sposób, by nauczyć się sprytnie i efektywnie zarządzać własnym czasem. Nie traktuj tego jednak jako wskazówkę na resztę życia. Trudne warunki mogą pomóc, ale tylko wtedy, gdy korzystasz z nich przez pewien czas. Na dłuższą metę wystrzegaj się ich, bo mogą nieść ze sobą przykre konsekwencje – przemęczenie, zniechęcenie i spadek wydajności. Wzięcie na siebie kilku obowiązków więcej ma przede wszystkim uzmysłowić ci, jak wiele czasu masz do zagospodarowania. W rezultacie będziesz mógł poświęcić go na rzeczy, które zawsze chciałeś zrobić, ale myślałeś, że nie masz kiedy.

Zarządzanie stresem w czasie

Kolejnym ważnym zagadnieniem związanym z organizacją czasu pracy jest stres. To nieodłączny element ludzkiego życia, który jak nic innego potrafi pokrzyżować plany i sprawić, że całkowicie stracisz kontrolę nad czasem. W takich momentach trudno racjonalnie myśleć i sprawnie działać. Wówczas pomóc mogą metody radzenia sobie ze stresem, które umiejętnie połączone z organizacją czasu pozwalają na nowo odzyskać równowagę.

Stres niejedno ma imię

Nie każda sytuacja stresowa wpływa w taki sam sposób na ludzki organizm. Wszystko zależy od natężenia stresu oraz tego, jak długo na ciebie oddziałuje. Jeśli trwa stosunkowo krótko, mobilizuje cię do pracy. Dzięki niemu znajdujesz motywację, by funkcjonować na najwyższych obrotach i stawiać sobie wysoko poprzeczkę. Ten rodzaj stresu jest korzystny dla codziennego funkcjonowania, chroni przed nudą i pojawieniem się rutyny. Przykładem może być zdenerwowanie odczuwane przed wystąpieniami publicznymi, np. aktora przed przedstawieniem teatralnym lub pracownika przed zaprezentowaniem wyników swojej pracy zarządowi firmy.

Jednak kiedy przez dłuższy czas żyjesz pod presją, rezerwy twojego organizmu zaczynają się stopniowo wyczerpywać. Masz za dużo obowiązków, gonią cię terminy lub atmosfera w pracy jest wyjątkowo niekorzystna – wystarczy dowolna kombinacja tych czynników, abyś ze spokojnej i doskonale zorganizowanej osoby stał się kłębkiem nerwów. Efekt? Ciało i umysł z dnia na dzień stają się coraz mniej wydolne, spada koncentracja i ogólna wydajność. Zaczynasz nieskutecznie zarządzać czasem, zaległe obowiązki nawarstwiają się, a to z kolei jeszcze zwiększa stres. Kiedy machina tego błędnego koła pójdzie w ruch, bardzo trudno ją zatrzymać. Dlatego lepiej jest zapobiegać takiej sytuacji, niż bezczynnie się jej przyglądać.

Oprócz ryzyka, że wpadniesz w tryby błędnego koła zaległych obowiązków i nieefektywnego zarządzania czasem, długotrwały stres ma znacznie więcej negatywnych skutków. Najważniejszy to szkodliwy wpływ na twoje zdrowie. Długotrwały stres zwiększa bowiem ryzyko m.in.[18]:

- infekcji – osłabia układ odpornościowy;
- cukrzycy – zwłaszcza u osób z nadwagą;
- choroby wrzodowej żołądka;
- miażdżycy tętnic – szczególnie w połączeniu z siedzącym trybem życia i dietą wysokotłuszczową;
- zaburzeń psychicznych.

Jak oswoić stres?

Jednym ze sposobów radzenia sobie ze stresem jest dobra organizacja czasu. To prostsze, niż ci się wydaje. Korzystając ze wskazówek przedstawionych w tym poradniku, możesz znacząco zredukować poziom stresu. Niekiedy jednak jego ilość jest tak duża, że samym sprawnym zarządzaniem czasem nie jesteś w stanie go okiełznać. Na szczęście istnieją inne metody, które pozwolą przywrócić równowagę w twoim życiu i na nowo przejąć kontrolę nad rzeczami, które masz do zrobienia.

Jedną z nich, o której już czytałeś w tym poradniku, jest **aktywność fizyczna** (patrz: rozdział 2). Sport pozwala oderwać się od codziennych problemów i zdusić stres w zarodku. Po treningu możesz rozważyć na świeżo sytuację, w której się znalazłeś, a rozwią-

[18] Mohd. Razali Salleh, *Life Event, Stress and Illness*, „The Malaysian Journal of Medical Sciences", nr 15(4)/2008, s. 9–18. Artykuł można przeczytać również w wersji elektronicznej: www.ncbi.nlm.nih.gov/pmc/articles/PMC3341916/.

zania często same przychodzą do głowy. Niezależnie od tego, czy będą to zajęcia fitness, forsowne ćwiczenia na siłowni czy jedynie seria brzuszków wykonanych na macie we własnym mieszkaniu, jedno jest pewne – aktywność fizyczna pozwoli ci zapomnieć na jakiś czas o obowiązkach i spojrzeć na nie z większym dystansem.

Jeśli sport nie wystarcza, by zniwelować stres, dobrym pomysłem będzie sięgnięcie po **techniki relaksacyjne**. Co to takiego?

Stosowanie technik relaksacyjnych to aktywny proces wprowadzania ciała i umysłu w stan odprężenia. Aktywny, czyli taki, który wymaga zaangażowania. Podobnie jak w przypadku aktywności fizycznej, korzystanie z tej metody przynosi pozytywne rezultaty tylko wówczas, gdy jest praktykowane regularnie. Najlepiej więc poświęcać relaksacji kilkanaście minut każdego dnia. Istnieje wiele prostych technik, które można wykonywać niemal w każdych warunkach (np. przy biurku w pracy w trakcie przerwy). Pozostałe są bardziej skomplikowane i wymagają maksymalnej ciszy i spokoju. Zapewne nie każda sprosta twoim oczekiwaniom. Na początek wypróbuj kilka z nich, a na pewno znajdziesz taką, która odpowiada twoim preferencjom.

Możesz skorzystać z poradników poświęconych metodom redukowania stresu, w których szczegółowo opisane są techniki relaksacyjne i konkretne ćwiczenia. Tutaj znajdziesz jedynie zestawienie kilku oraz ich krótki opis[19].

---

[19] Więcej na temat sposobów radzenia sobie ze stresem oraz technik relaksacyjnych przeczytasz w: Mike Clayton, *Zarządzanie stresem, czyli jak sobie radzić w trudnych sytuacjach*, tłum. Katarzyna Zimnoch, Edgard, Warszawa 2012; Dagmara Gmitrzak, *Trening relaksacji. Jak uwolnić się od stresu, lęku i depresji*, Edgard, Warszawa 2017.

1. **Techniki oddechowe** – polegają na pracy z własnym oddechem. Istnieje wiele ćwiczeń, mniej lub bardziej skomplikowanych, które wykorzystują tę prostą czynność fizjologiczną. Jednym z przykładów jest technika głębokiego oddychania, czyli oddychania brzusznego, z przepony.
2. **Muzykoterapia** – dzięki odpowiednio dobranej muzyce wprowadzasz ciało i umysł w stan odprężenia.
3. **Trening autogenny Schultza** – technika relaksacji, która wykorzystuje autosugestię. Polega na wyobrażaniu sobie, że poszczególne części twojego ciała po kolei stają się ciężkie. Pozwala to zrelaksować się i rozluźnić mięśnie. Technika ta przynosi bardzo dobre efekty, szczególnie w połączeniu z kontrolowanym sposobem oddychania.
4. **Relaksacja Jacobsona** – polega na naprzemiennym napinaniu i rozluźnianiu poszczególnych mięśni. Dzięki tej technice stajesz się bardziej świadomy swojego ciała. W efekcie zaczynasz zauważać, że twoje mięśnie w określonych sytuacjach stresowych napinają się i możesz je wówczas rozluźnić.
5. **Mindfulness** – to coraz bardziej popularny w ostatnim czasie trening tzw. uważności. Jest to rodzaj medytacji, który uczy skupiania się na tym, co dzieje się tu i teraz. Pomaga odrzucić myśli dotyczące przeszłości lub przyszłości i całkowicie skoncentrować się na aktualnych bodźcach, zarówno wewnętrznych (własnych myślach, wyobrażeniach), jak i zewnętrznych (poprzez spokojną obserwację tego, co się wokół ciebie dzieje). Trening uważności można praktykować nie tylko w formie medytacji, lecz także w wielu sytuacjach życia codziennego, np. podczas spaceru, jazdy na rowerze lub rozmowy z drugim człowiekiem.

Zapamiętaj

Niezależnie od tego, czy czujesz się zestresowany czy nie, warto, abyś zainteresował się propozycjami technik relaksacji. Pokazują one, jak wieloma narzędziami do walki ze stresem dysponujesz. Dzięki nim skupisz się na działaniu i nie będziesz się obawiał, że w trudnej sytuacji czas zacznie przeciekać ci przez palce.

Praca w wersji alternatywnej

Osiem godzin dziennie spędzonych w pracy przez pięć lub sześć dni w tygodniu jest dla ciebie katorgą? Nie wyobrażasz sobie, że miałbyś spędzić w ten sposób resztę życia? Dobra wiadomość jest taka, że istnieją alternatywne metody organizacji czasu pracy idealne dla osób takich jak ty. Zła, że nie każdy może sobie na nie pozwolić. Wszystko zależy od specyfiki zawodu, który wykonujesz. Warto jednak pamiętać, że nawet gdy nie jest to możliwe, nadal masz wybór. Jeśli marzysz o tym, by organizować czas pracy w bardziej elastyczny sposób, możesz zdecydować się na zatrudnienie w takim miejscu, które sprosta twoim oczekiwaniom, lub pomyśleć o tym, żeby się przekwalifikować. Choć z pewnością nie będzie to łatwe, w twoim przypadku może okazać się jedynym słusznym rozwiązaniem.

Poniżej znajdziesz krótkie zestawienie alternatywnych sposobów organizacji czasu pracy. Być może któryś z nich stanie się dla ciebie inspiracją lub wskaże ci możliwości, jakich do tej pory nie dostrzegałeś.

Praca zdalna

W zależności od tego, w jakim miejscu jesteś zatrudniony, praca zdalna może być propozycją dla ciebie – zapytaj o to swojego pracodawcę. Przykłady zawodów, w których taka forma zatrudnienia jest często akceptowana, to m.in. programista, grafik komputerowy lub profesjonalny tłumacz. Ten sposób ma zarówno swoje plusy, jak i minusy. Do wad można zaliczyć fakt, że pracując zdalnie, nie masz możliwości na bieżąco i w cztery oczy konsultować swoich problemów lub wątpliwości z resztą zespołu. Możesz jedynie omówić pewne kwestie przez internet za pomocą komunikatorów, co nie zawsze jest w stanie zastąpić realny kontakt z drugim człowiekiem. Oprócz tego w warunkach domowych dużo częściej mogą pojawić się problemy z koncentracją oraz prokrastynacją.

Pomimo tych dość oczywistych wad to rozwiązanie ma jednak niezaprzeczalne zalety:

- **Zwiększenie efektywności** – kiedy pracujesz w zaciszu własnego domu, nie rozpraszają cię rozmowy kolegów i koleżanek bądź ogólny zgiełk panujący w firmie. Nikt nie zawraca ci głowy mało ważnymi sprawami. Możesz całkowicie skupić się na pracy. Jedyne niebezpieczeństwo stanowią czynniki rozpraszające, np. telewizor, instrument muzyczny, ciekawa książka. Jeśli jednak potrafisz trzymać się określonych zasad i poważnie podchodzisz do obowiązków, rozpraszacze nie powinny stanowić większego problemu.
- **Lepsza organizacja miejsca pracy** – zadbanie o porządek we własnym domu jest dużo prostsze niż odpowiednie zorganizowanie biura. Możesz skutecznie usunąć rozpraszający uwagę bałagan i maksymalnie skupić się na wypełnianiu obowiązków. W miejscu pracy natomiast jesteś w stanie uporządkować jedynie fragment przestrzeni, za który bezpośrednio

odpowiadasz. Nie masz wpływu na sterty piętrzących się dokumentów na biurkach współpracowników, niepozmywane naczynia lub nieczytelny system komunikacji w postaci kartek przyczepianych do tablicy korkowej. Wszystkie te drobne rzeczy potrafią sprawić, że twoja uwaga co chwilę ulega rozproszeniu, a ty – zamiast wypełniać swoje obowiązki – tracisz coraz więcej czasu.

- **Możliwość dowolnego spędzenia przerwy** – tych okazji masz więcej, niż gdybyś pracował w biurze. Możesz spędzić ten czas tak, jak chcesz, i zregenerować siły, np. ugotować szybki obiad, poćwiczyć lub wyjść z psem na spacer.

Może się okazać, że pracując w domu, wykonujesz zadania szybciej i z lepszym skutkiem. Dzięki temu staniesz się cennym pracownikiem, któremu można powierzyć ważne obowiązki bez obaw o termin ich realizacji.

Własny biznes

W zupełnie inny sposób organizują czas pracy osoby, które mają własny biznes. Jeśli jesteś jedną z nich, otwierają się przed tobą szerokie możliwości. Na założenie własnej firmy decydują się bowiem nieliczni. Zarządzanie czasem odbywa się tu inaczej, niż zdążyłeś dowiedzieć się do tej pory.

Załóżmy, że od dłuższego czasu masz własną, dobrze prosperującą firmę, w której zatrudniłeś wiele osób. Jako pracodawca możesz wybrać jeden z dwóch sposobów zarządzania firmą – kontrolowanie lub zaufanie.

Może ci się wydawać, że jedyną drogą do bycia dobrym szefem jest kontrolowanie wszystkich aspektów funkcjonowania firmy i każdego pracownika z osobna. Cały swój czas poświęcasz pracy – zdarza się nawet, że sprawdzasz maile, a nowe pomysły dotyczące usprawnienia biznesu rodzą się w twojej głowie w niedziele lub święta. Między twoim życiem osobistym a zawodowym można postawić znak równości – jesteś szefem pracoholikiem. Nie wystarczy ci, że wiesz, iż pracownicy wykonują swoje obowiązki – musisz każdorazowo sprawdzić, czy robią to dobrze i czy nie potrzebują twojej pomocy. Jeśli coś nie leży w kompetencjach osób, które zatrudniasz, po prostu robisz to sam. W rezultacie firma rozwija się całkiem prężnie, a ty zarobiłeś sporo pieniędzy, ale… Nie masz nawet chwili, by się tym cieszyć, a odpoczynek i czerpanie korzyści z prowadzenia własnego biznesu nieustannie odkładasz na później.

A może jesteś tym szefem, który nauczył się ufać pracownikom. Zatrudniasz takie osoby, którym bez obaw powierzasz ważne obowiązki. Regularnie (np. raz na dwa tygodnie) urządzasz spotkania, podczas których omawiacie bieżące sprawy, dzielicie się pomysłami i rozwiązujecie ewentualne problemy. Taki sposób prowadzenia firmy sprawia, że masz wgląd w to, jak pracują poszczególne osoby, ale jednocześnie nie kontrolujesz każdego ich posunięcia. W efekcie ty masz więcej czasu, a twoi pracownicy czują, że ich doceniasz i ufasz ich doświadczeniu. Jeśli jest coś, z czym sobie nie radzą, albo coś, co nie należy do ich obowiązków, delegujesz to zadanie firmie zewnętrznej (tzw. *outsourcing*). Zdajesz sobie sprawę, że nie warto poświęcać czasu i energii na coś, na czym się nie znasz i z czym nie radzicie sobie w firmie – lepiej zapłacić i przekazać to komuś innemu. Dzięki temu masz pewność, że dostaniesz dokładnie to, na czym ci zależy, i oszczędzisz sporo czasu.

Ciekawostka

W 2008 r. w Polsce ukazała się książka Timothy'ego Ferrissa *4-godzinny tydzień pracy*[20] dla osób, które już założyły firmę, dopiero zamierzają to zrobić, albo po prostu dla tych, którzy marzą o tym, by w inny sposób organizować swój czas. Autor tego poradnika prezentuje przepis, jak żyć bez odkładania na później planów i tego, co jest w życiu najważniejsze. Koncepcja ta zakłada m.in. delegowanie obowiązków na współpracowników lub zewnętrzne podmioty, pracę w mniejszym wymiarze godzin, ale z takim samym – lub nawet lepszym – skutkiem oraz zamianę marzeń o emeryturze na wiele urlopów (tzw. miniemerytur) w ciągu każdego roku.

Nawet jeśli nie posiadasz własnej firmy i nie zamierzasz tego zmieniać, możesz wykorzystać część pomysłów Timothy'ego Ferrissa w swoim życiu. Najważniejsze jest pogodzenie się z faktem, że nie jesteś niezastąpiony. Często ci się wydaje, że tylko ty jesteś w stanie dobrze wykonać daną pracę. Rzadko kiedy jest to prawdziwe przekonanie. Zarówno w pracy, jak i w życiu prywatnym (np. jeśli chodzi o wykonywanie obowiązków domowych, takich jak sprzątanie lub gotowanie) wieloma czynnościami możesz się podzielić. Pozostały czas wykorzystaj na prywatne cele i pragnienia. Takie podejście jest kluczowe, by móc odzyskać panowanie nad własnym życiem i realizować dokładnie te plany, na których najbardziej ci zależy.

[20] Timothy Ferriss, *4-godzinny tydzień pracy*, tłum. Anita Doroba, MT Biznes, Warszawa 2008.

Podsumowanie

1. Uczyń z planowania codzienny rytuał. Pozwoli ci to regularnie sprawdzać postęp twoich działań (m.in. określić, które zadania przychodzą ci z łatwością, a których nie jesteś w stanie wykonać) i wyciągnąć odpowiednie wnioski na przyszłość.
2. Do codziennego planowania wykorzystuj takie narzędzia jak checklista, notatnik, kalendarz oraz lista zakupów. Tego, co zapiszesz, na pewno nie zapomnisz, a taka ściągawka dodatkowo pozwoli ci oczyścić umysł i skupić się na ważniejszych rzeczach.
3. Zapisując swoje plany, pamiętaj, aby formułować je jako krótkie i konkretne hasła, ustalać ramy czasowe na ich zrealizowanie oraz określać ich priorytetowość. Postaraj się również nie używać skrótów, aby nie mieć wątpliwości co do zapisanych treści.
4. Obserwuj swoje zachowania i sprawdź, czy masz jakieś szkodliwe nawyki. Jeśli tak, spróbuj sukcesywnie je eliminować.
5. Wprowadź do swojego życia przydatne przyzwyczajenia, np. wcześniejsze przygotowywanie ubioru do pracy, planowanie posiłków, codzienną organizację przestrzeni oraz zakupy online.
6. Planowanie cykliczne pozwoli ci pozbyć się szkodliwego nawyku zostawiania spraw do załatwienia na ostatnią chwilę i nauczy lepszego zarządzania pieniędzmi.
7. Jeśli nie wiesz, jak zabrać się do wykonania zadania, podziel je na kilka mniejszych etapów i realizuj metodą małych kroków. Dzięki temu nawet trudne czynności staną się proste, a ty przestaniesz odkładać pracę na później.
8. Nie wszystko musi być zrobione idealnie – ważne, by było wykonane dobrze. Przesadny perfekcjonizm zabiera cenny czas i uniemożliwia własny rozwój.

9. Według prawa Parkinsona praca rozszerza się tak, aby wypełnić czas przeznaczony na jej ukończenie. Większa ilość obowiązków oraz ustalanie konkretnych terminów na realizację zadań pozwala wykonać więcej rzeczy w tym samym czasie.
10. Długotrwały stres może negatywnie wpływać na twoje zdrowie. Znajdź sposoby, by skutecznie sobie z nim radzić (np. dobra organizacja czasu, aktywność fizyczna lub techniki relaksacyjne).
11. Ciekawym sposobem organizacji czasu są alternatywne formy zatrudnienia, do których można zaliczyć pracę zdalną bądź prowadzenie własnej firmy. Otwierają one przed tobą nowe możliwości, jak np. zwiększenie efektywności, skrócenie czasu pracy, korzystanie z większej liczby urlopów lub spędzanie przerw w dowolnie wybrany sposób.

4.

Sposoby na zwiększanie efektywności

W tym rozdziale przeczytasz o metodach zarządzania czasem stworzonych przez osoby zawodowo zajmujące się tą tematyką. Nadszedł moment, abyś poznał bardziej zaawansowane techniki służące zwiększeniu twojej efektywności. Dowiesz się m.in., jakie są sposoby na ostateczne pokonanie czynników rozpraszających i uniemożliwiających realizowanie zadań (np. technika Pomodoro), przeczytasz o zasadach tworzenia map myśli i zaletach korzystania z nich, a także poznasz metody OATS (ang. *Outcomes, Activities, Time, Schedule*) oraz GTD (ang. *Getting Things Done*).

Pokonaj dystraktory

Jednym z czynników, które najskuteczniej odciągają cię od realizacji wyznaczonych zadań i poważnie zmniejszają efektywność, są dystraktory. To wszelkiego rodzaju czynniki rozpraszające, które sprawiają, że nie potrafisz się skupić i zamiast zająć się tym, co zaplanowałeś, robisz rzeczy mało ważne i niepilne. Do najczęściej wymienianych dystraktorów należą:

- głośno grający telewizor;
- telefon komórkowy z internetem (a w nim m.in. aplikacje komunikatorów społecznościowych lub prostych gier);
- głośne powiadomienia w telefonie komórkowym (m.in. przypomnienia, wiadomości SMS, maile, telefony i dziesiątki sygnałów z aplikacji);
- włączony komputer (m.in. ulubione gry komputerowe, seriale lub filmy);
- interesująca książka trzymana w widocznym miejscu;
- nieporządek w miejscu pracy.

Na co dzień otaczają cię dziesiątki przedmiotów, które można określić jako dystraktory. Jak to możliwe, że te z pozoru niewinne rzeczy i błahe sytuacje sprawiają, że twoja praca staje się nieefektywna? Jak sobie z tym radzić?

Przykład

Krystian uwielbia czytać książki i poświęca tej czynności niemal każdą wolną chwilę. Czyta na przystankach tramwajowych, w drodze do pracy, w przerwach, przed snem, a nawet podczas posiłków. Kiedy wciągnie go akcja jakiejś powieści, trudno mu oderwać się od lektury. Kilka dni temu zapisał się na internetowy kurs obsługi programu do grafiki komputerowej, którego do tej pory nie używał. Zrobił to, ponieważ ta nowa umiejętność przyda mu się w pracy i zwiększy jego kompetencje. Realizacja kursu wymaga jednak regularnego uczestniczenia w wirtualnych lekcjach i wykonywania ćwiczeń. Jest to niezbędne, by otrzymać certyfikat. Krystianowi zależy, żeby szybko go zdobyć i móc wykorzystać nową wiedzę w codziennej pracy. Planuje więc poświęcać co drugie popołudnie na realizację tego celu.

Niestety jest w trakcie czytania nowej książki z gatunku fantasy swojego ulubionego autora. Zaintrygowała go historia stworzona przez pisarza i wprost nie może oderwać się od lektury. Nie rozstaje się z powieścią przez cały dzień i nawet wtedy, gdy zabiera się do pracy, kładzie ją w zasięgu wzroku. Jakby tego było mało, na biurku Krystiana panuje ogromny bałagan. Dookoła komputera leżą niepozmywane talerze i kubki po herbacie z kilku ostatnich dni. Piętrzą się stosy dokumentów, sterty książek i dawno zapisanych notesów. W tym chaosie trudno znaleźć choćby skrawek wolnej przestrzeni. Nic więc dziwnego, że Krystian nie jest w stanie skupić się na internetowym kursie. Kiedy na chwilę odrywa wzrok od komputera, jego spojrzenie natychmiast natrafia na leżące na biurku przedmioty i książkę. Myśli Krystiana krążą wokół tematów zupełnie niezwiązanych z pracą. Po kilkunastu minutach poświęconych na próby skupienia się w tak niesprzyjających warunkach Krystian czuje się zmęczony i zniechęcony. Ponieważ nie może kontynuować wirtualnej lekcji, robi przerwę, by przeczytać kilka rozdziałów książki, mimo że przez ten krótki czas pracy tak naprawdę niewiele udało mu się zrobić.

Historia Krystiana to klasyczny przykład negatywnego wpływu dystraktorów na efektywność. Mężczyzna nie wykonał nawet części pracy, którą zaplanował, ponieważ w ciągu kilkunastu minut jego uwaga krążyła między wieloma „rozpraszaczami". Warto zapytać: czy Krystian był świadomy obecności dystraktorów w swoim otoczeniu? O ile w kwestii bałaganu panującego na biurku nie można być tego pewnym, o tyle w przypadku fascynującej go książki sprawa wydaje się oczywista. Krystian doskonale wiedział, jak bardzo wciągająca jest lektura powieści. Mimo to, zabierając się do pracy, położył ją w zasięgu wzroku – jak gdyby podświadomie odkładał ją tylko na moment z zamiarem jak najszybszego sięgnięcia po nią. Nie wyznaczył sobie czasu, jaki chce poświęcić na pracę, ani nie określił, kiedy będzie mógł ponownie wrócić do lektury. Łatwo się domyślić, że takie podejście nie wróży niczego dobrego.

Niestety często zdajesz sobie sprawę, co cię rozprasza, a mimo to nic z tym nie robisz. Łatwiej i przyjemniej jest zmarnować wiele godzin na przeglądanie stron internetowych, stwarzając jedynie pozory pracy. Później pozostają tylko próby nadgonienia czasu (kosztem np. nieprzespanej nocy) i udawanie przed sobą, że się dużo zrobiło. Jeśli taka sytuacja wydaje ci się znajoma, bez wątpienia masz problem z eliminowaniem dystraktorów ze swojego życia. Pora to zmienić.

Na początek uporaj się z najczęściej występującymi w twoim otoczeniu dystraktorami, które zostały wymienione wcześniej. Poniżej znajdziesz zestaw praktycznych porad, których zastosowanie w życiu codziennym pomoże ci uporać się z czynnikami rozpraszającymi.

1. **Wyłącz telewizor.**
   Jeśli lubisz i chcesz korzystać z telewizora, wprowadź żelazną zasadę – robisz to tylko w wolnym czasie. Zapomnij o próbach połączenia oglądania ulubionego programu z wykonywaniem ważnych obowiązków. Takie eksperymenty są z góry skazane na porażkę. Zamiast skupić się na pracy, będziesz zerkał w telewizor, ilekroć coś cię zaintryguje. W takich warunkach nawet błahe zadanie (typu prasowanie czy domowe porządki) potrafi przeciągnąć się na kilka godzin, a ty niepotrzebnie tracisz czas.

2. **Wyłącz internet w telefonie komórkowym.**
   Korzystanie z internetu w każdym miejscu i o każdej porze to znak naszych czasów. Choć w wielu sytuacjach jest udogodnieniem (np. możesz szybko sprawdzić trasę komunikacji miej-

skiej), nie zapominaj o zagrożeniach, jakie ze sobą niesie. Być może i ty należysz do osób, które codziennie spędzają godziny ze wzrokiem utkwionym w ekranie smartfona. Na szczęście jest na to sposób. Za każdym razem, kiedy masz do zrobienia coś ważnego (nie tylko w pracy, lecz także dla siebie), wyłącz internet w telefonie komórkowym. Zdziwisz się, jak duży wpływ na poprawę twojej koncentracji będzie miał ten prosty zabieg.

3. **Wycisz powiadomienia.**
Jeśli lubisz, gdy telefon komórkowy głośno informuje cię o nowych wiadomościach SMS, zbliżających się urodzinach bliskich lub innych ważnych wydarzeniach - nie ma w tym nic złego. Problem zaczyna się wtedy, gdy powiadomień jest tak dużo, że odciągają cię od pracy i sprawiają, iż się rozpraszasz. Postaraj się wówczas wyciszać telefon przed przystąpieniem do pracy lub odkładać aparat w miejsce, z którego nie będziesz go słyszeć.

4. **Wyłącz komputer.**
Wskazówka brzmi podobnie jak te przedstawione w punktach 1 i 2. Komputer – tak jak telewizor i internet w telefonie – może kompletnie cię rozproszyć. Najlepiej więc wyłączaj go zawsze, gdy musisz się na czymś skupić. Jeśli korzystasz z komputera w trakcie pracy, wygaś go na jakiś czas. Czarny ekran będzie kusił cię znacznie mniej niż zdjęcie z wakacji ustawione jako tapeta. Gdy będziesz potrzebował coś sprawdzić, wystarczy kliknięcie, by przywrócić system do stanu aktywnego – bez konieczności ponownego uruchamiania. Jeśli to rozwiązanie jest niemożliwe, ponieważ potrzebujesz komputera przez cały czas, postaraj się przynajmniej wyeliminować dystraktory z jego środowiska. Możesz to osiągnąć m.in.:
   - wylogowując się z poczty;
   - usuwając z pulpitu niepotrzebne ikony;

- wyłączając przeglądarkę internetową;
- wyciszając muzykę lub dobierając taką, która będzie pozytywnie wpływać na koncentrację.

5. **Odłóż czytaną książkę poza zasięgiem wzroku.**
   Usuń z pola widzenia lekturę, którą czytasz w wolnym czasie. Tę zasadę możesz zastosować również do elektronicznego czytnika, z którym nigdy się nie rozstajesz, lub do namiętnie rozwiązywanych krzyżówek. Choć trudno w to uwierzyć, usunięcie dystraktorów z pola widzenia naprawdę działa. Jak to możliwe? Po pierwsze, to, czego nie widzisz, przestaje cię kusić. Po drugie, odłożenie czegoś na półkę lub włożenie do szuflady to sygnał dla twojego mózgu, że dane zajęcie odkładasz na później. Teraz zajmujesz się tym, co znajduje się w zasięgu twojego wzroku (np. napisaną do połowy pracą magisterską), a szufladę możesz otworzyć wtedy, gdy uporasz się z obowiązkiem.

6. **Zadbaj o stanowisko pracy.**
   Pozmywaj brudne naczynia i uporządkuj przestrzeń wokół siebie. Zawczasu przygotuj coś do picia i zdrowe przekąski (np. owoce lub orzechy), dzięki czemu nie będziesz przerywał pracy pod pretekstem wyjścia do kuchni. Pozwoli ci to również pokonać głód, który czasem pojawia się podczas wytężonej pracy. To pozwoli ci przetrwać kilkanaście lub kilkadziesiąt minut dłużej, a przygotowaniem większego posiłku zajmiesz się dopiero po wykonaniu zadania.

Włoski sposób na dystraktory

Przedstawione powyżej wskazówki są z pozoru proste i większość osób je zna. Niestety od znajomości pewnych reguł do konsekwentnego stosowania ich w życiu prowadzi często długa droga. Zdajesz sobie sprawę, że wymiana SMS-ów ze znajomym nie pomoże ci skupić się na aktualnie wykonywanej czynności. Mimo to nie potrafisz przestać. Przyjemne „rozpraszacze" potrafią pochłonąć człowieka bez reszty. W takich sytuacjach na pomoc przychodzi technika Pomodoro, czyli włoski sposób na dystraktory.

Ciekawostka

Technikę Pomodoro[21] opracował Włoch Francesco Cirillo pod koniec lat 80. ubiegłego wieku. Jej nazwa nie pochodzi od warzywa, jak mogłoby się wydawać, a od kuchennego czasomierza w kształcie pomidora, którego używał twórca metody. Ideą tej techniki jest wyznaczanie sobie czasu pracy w formie interwałów o określonej długości (tradycyjnie trwających 25 minut) poprzedzielanych przerwami. Cirillo określił sześć kroków składających się na technikę Pomodoro:

1. Wybierz zadanie, nad którym chcesz pracować, podziel je na etapy i określ pierwszą czynność, jaką zamierzasz wykonać.
2. Ustaw czasomierz na 25 minut.
3. Pracuj do momentu, kiedy czasomierz zadzwoni.
4. Odhacz wykonaną czynność na kartce z listą rzeczy do zrobienia.
5. Po każdej wykonanej czynności zrób krótką przerwę (3–5 minut) i wróć do kroku 2.

---

[21] Staffan Nöteberg, *Pomodoro Technique Illustrated: The Easy Way to Do More in Less Time*, The Pragmatic Bookshelf, Raleigh–Dallas 2009. Więcej na temat techniki Pomodoro przeczytasz również tutaj: www.cirillocompany.de/pages/pomodoro-technique.

6. Po wykonaniu czterech zaplanowanych czynności zrób dłuższą przerwę (15–30 minut), a następnie wróć do kroku 2, jeśli jest taka konieczność.

Przy stosowaniu techniki Pomodoro ważna jest umiejętność określenia, ile czasu zajmuje ci wykonanie poszczególnych czynności. Dzięki temu będziesz mógł odpowiednio podzielić zadanie, które przed sobą postawiłeś, na mniejsze części, lub rozbudować je tak, by zajmowało w przybliżeniu 25 minut. Z czasem wejdzie ci to w krew i stanie się łatwiejsze. 25 minut to czas na tyle krótki, że dasz radę maksymalnie się skupić na wykonywaniu danej aktywności bez rozproszenia, a jednocześnie na tyle długi, by udało ci się ją zakończyć.

Jedną z najistotniejszych zasad, o których warto pamiętać przy stosowaniu techniki Pomodoro, jest ścisłe trzymanie się wyznaczonego czasu pracy. 25 minut ustawione na czasomierzu lub budziku stanowi umowę, którą zawierasz ze sobą. Właśnie tyle czasu przeznaczasz na wykonanie czynności i ani chwili dłużej. Zegar nieubłaganie tyka, więc nie możesz przerwać pracy pod pretekstem, np. zrobienia kanapki. Zadanie byłoby niewykonane na czas i kolejne zaplanowane czynności zaczęłyby się nawarstwiać, a tego przecież byś nie chciał.

Korzystając z techniki Pomodoro, zyskujesz:

- większe skupienie na wykonywaniu pracy trwającej określony, stosunkowo krótki czas;
- mniejsze ryzyko rozproszenia się przez otaczające cię dystraktory;
- większą motywację do realizowania małych zadań o ściśle określonych ramach czasowych;
- częste regenerujące przerwy (trwające 3–30 minut), które pozwalają pracować dłużej i wydajniej.

Mimo wymienionych powyżej plusów może okazać się, że zasady Pomodoro są dla ciebie zbyt restrykcyjne, a cała metoda nie przypadnie ci do gustu. W takim wypadku wypróbuj bardziej elastyczne rozwiązanie.

Twoja praca nie musi trwać dokładnie 25 minut, a przerwy od 3 do 30 minut, jak sugeruje Pomodoro. Jest to jedynie sugestia, jak możesz zarządzać czasem, kiedy masz coś ważnego do zrobienia. Chodzi tylko o to, by ułatwić ci skupienie się na zadaniu. Jeśli jednak w twoim przypadku lepiej sprawdzą się dłuższe lub krótsze interwały – śmiało zmodyfikuj tę technikę. Będzie to przydatne w sytuacji, gdy twoje zadanie jest projektem długoterminowym, który wykonujesz regularnie od jakiegoś czasu (np. pisanie pracy magisterskiej lub doktorskiej). Wówczas dostosowywanie czasu trwania interwałów w zależności od tego, jak długo możesz w danym momencie pracować i iloma pomysłami dysponujesz, okazuje się wręcz wskazane.

Niekiedy 25 minut nie wystarczy, by zakończyć pewien etap pracy. Zależnie od możliwości możesz ten czas wydłużyć do godziny, półtorej lub nawet dwóch – pod warunkiem że będziesz w stanie zachować koncentrację. Planując pracę, nie musisz przygotowywać listy poszczególnych czynności, jakie powinieneś wykonać. To użyteczne narzędzie, jednak czasem bywa niepraktyczne – zwłaszcza gdy od tygodni pracujesz nad tym samym zadaniem i doskonale wiesz, jaki będzie następny krok. Do określania długości poszczególnych interwałów przyda ci się jakiekolwiek urządzenie, które będzie informowało dźwiękiem o upływie określonego czasu. Sygnał alarmu oznacza upragnioną przerwę. Jeśli pracowałeś półtorej godziny, możesz wydłużyć czas przeznaczony na odpoczynek, np. do 30 lub 40 minut. Wtedy będziesz w stanie zrobić naprawdę dużo i zregenerować siły przed kolejnym etapem pracy. Możesz się przespacerować, poczytać książkę, poćwiczyć lub nawet zdrzemnąć się na kilkanaście minut. Ten czas wykorzystaj w najprzyjemniejszy dla siebie sposób.

Zapamiętaj

W ciągu kilkudziesięciu minut maksymalnego skupienia możesz osiągnąć znacznie więcej, niż gdybyś próbował przez całe popołudnie skoncentrować się na zadaniu, jednocześnie walcząc z dystraktorami. Wystarczy, że odpowiednio zadbasz o stanowisko pracy i ściśle określisz czas, który chcesz przeznaczyć na zadanie oraz odpoczynek. Nie lekceważ regenerującej mocy przerw – nawet te, które trwają kilka minut, potrafią zdziałać cuda w momencie, gdy czujesz się zmęczony i twoja wydajność spada.

Ćwiczenie

W ramach podsumowania podrozdziału poświęconego dystraktorom wykonaj proste ćwiczenie:

1. Znajdź zajęcie, które jest dla ciebie ważne. Może to być coś związanego z twoją pracą lub z zainteresowaniami.
2. Zastanów się, przez ile czasu jednorazowo jesteś w stanie skupić uwagę na wykonywaniu tej czynności. Nie przejmuj się, jeśli za pierwszym razem nie zdołasz trafnie tego oszacować. Z każdym kolejnym podejściem zadanie będzie prostsze i zaczniesz wykonywać je coraz dokładniej.
3. Określ pierwszy etap pracy – możesz zapisać go na kartce lub przemyśleć.
4. Nastaw budzik na ustalony wcześniej czas, np. na pół godziny. Skup się na pracy i nie rób niczego innego.

5. Kiedy budzik zadzwoni, ustaw kolejny alarm, który wyznaczy długość przerwy, np. za 15 minut.
6. Pracuj w takim systemie określoną liczbę razy aż do wykonania zadania.

Być może na początku nie do końca zdołasz oprzeć się dystraktorom, ale z dnia na dzień będzie stawało się to dla ciebie łatwiejsze. Trud wynagrodzą ci widoczne efekty twojej pracy, które zaczną się pojawiać szybciej niż dotychczas. Powodzenia!

Mapy myśli w planowaniu dnia

Jedni ich sporządzenie uważają za nieodzowne, inni – za stratę czasu. Mowa o mapach myśli[22], które obecnie są w gronie najbardziej popularnych technik zapamiętywania i mogą okazać się pomocne również w dziedzinie planowania. Niezależnie od tego, jakie miałeś dotychczasowe doświadczenia z tym narzędziem, przyjrzyj się możliwościom, jakie ono oferuje w zakresie zarządzania czasem. Mapy myśli stanowią bowiem jeden z ciekawszych sposobów na zwiększenie efektywności i właśnie dlatego dobrze je choć raz wypróbować.

W tym podrozdziale poznasz zalety i zasady tworzenia map myśli oraz możliwości ich wykorzystania.

[22] Więcej na temat map myśli, zasad ich tworzenia oraz różnych możliwości wykorzystania (m.in. w zarządzaniu czasem) przeczytasz w: Tony Buzan, *Mapy twoich myśli*, tłum. Monika Stefaniak, Aha!, Łódź 2014; Bartłomiej Boral, Tobiasz Boral, *Techniki zapamiętywania*, Edgard, Warszawa 2013.

Plan w formie mapy – jak to działa?

Zastanawiasz się, w jaki sposób tworzenie map myśli może ci pomóc w organizowaniu czasu. Zapewne słyszałeś, że technika ta jest wykorzystywana w procesie uczenia się. Być może sam również ją stosowałeś. „Ale przecież to zupełnie coś innego! Nie da się używać map myśli do planowania dnia" - powiesz. Czy aby na pewno? Zarówno jeśli chodzi o zdobywanie wiedzy, jak i organizację czasu, to właśnie twoja zdolność do pamiętania i przechowywania w głowie pewnych informacji są niezbędne do osiągnięcia sukcesu. Chociaż rodzaj zapamiętywanych wiadomości w tych dwóch sytuacjach jest zupełnie inny, zasada pozostaje taka sama.

W przypadku zarządzania czasem chodzi o to, byś pamiętał o wszystkim, co chcesz zrobić danego dnia, z uwzględnieniem hierarchii swoich celów oraz schematów działania (czyli m.in. tego, od czego powinieneś zacząć dane zadanie). Pomóc w zapamiętaniu tych rzeczy mogą tradycyjne narzędzia, jak kartka papieru lub kalendarz, ale również metody odwołujące się do wyobraźni, czyli m.in. opisywane w tym podrozdziale mapowanie planu dnia.

Narysuj własną mapę myśli

Poniżej zostały przedstawione zasady dotyczące mapowania planu dnia oraz przykład poprawnie skonstruowanej mapy myśli. Pozwoli ci to lepiej zrozumieć, na czym polega ta technika zapamiętywania, i zachęci do wypróbowania jej w codziennym życiu.

Jeśli chcesz narysować mapę myśli, przygotuj kilka kartek papieru, najlepiej w formacie A4. Przyda ci się ich więcej, ponieważ za pierwszym razem stworzysz szkic „na brudno", który potem będziesz mógł przerysować „na czysto". W procesie planowania często przychodzą do głowy różne pomysły, więc część mapy może wymagać wprowadzenia mniejszych lub większych modyfikacji. Będziesz także potrzebował kredek lub flamastrów, które urozmaicą rysunek i ułatwią przyswojenie zawartych na nim informacji. Oto kolejne etapy rysowania mapy myśli:

1. Na środku kartki umieść napis: „plan dnia" wraz z datą. Wyraźnie wyodrębnij go od reszty kartki (np. otocz ramką).
2. Od tak stworzonego napisu-korzenia poprowadź gałęzie główne (minimum dwie, maksimum sześć lub siedem). Na końcu każdej z nich wypisz podstawowe kategorie celów do zrealizowania danego dnia.
3. Od każdej gałęzi głównej odprowadź odgałęzienia drugiego poziomu hierarchii, które będą reprezentować bardziej szczegółowe zadania.
4. Jeśli zajdzie taka potrzeba, przy którejś z kategorii możesz dorysować więcej odgałęzień, gdy będziesz chciał zapisać bardziej szczegółowe czynności.
5. Używając kredek lub flamastrów, oznacz (np. grubiej) tym samym kolorem linie pochodzące od jednej gałęzi głównej i dorysuj schematyczne rysunki symbolizujące poszczególne zadania. Kolory przemówią do twojej wyobraźni, dzięki czemu szybciej przyswoisz zawarte na mapie informacje.
6. Etap dodatkowy: Wzdłuż każdej gałęzi głównej dopisz przedział czasowy, w jakim chciałbyś zmieścić się z realizacją danej kategorii. Ten krok może okazać się użyteczny szczególnie w przypadku, gdy będziesz chciał stworzyć dokładniejszy plan działania.

Tak stworzoną mapę zapamiętasz bez trudu i w ciągu dnia będziesz mógł odtworzyć poszczególne cele oraz działania, które pomogą je zrealizować. Możesz zabrać mapę ze sobą, wychodząc rano z domu, i w razie potrzeby sprawdzić, co jeszcze zostało do zrobienia. W ten sposób zmniejszasz ryzyko, że zapomnisz o ważnym zadaniu.

Przykład prostej mapy myśli:

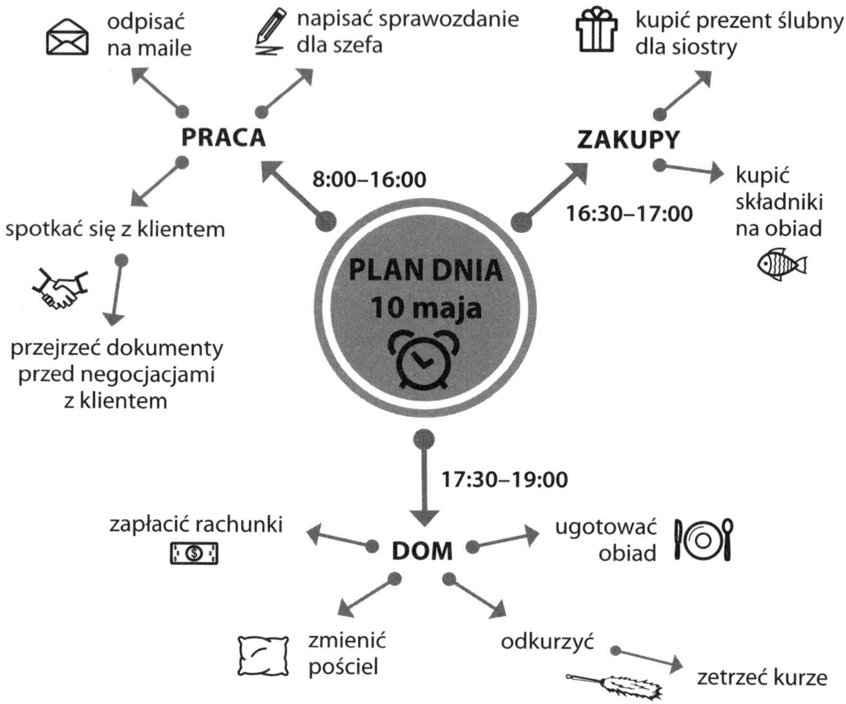

Metoda ta z uwagi na specyficzny charakter (konieczność rysowania i poświęcenia dłuższego czasu na planowanie) znajdzie zarówno zwolenników, jak i przeciwników. Nie dla każdego okaże się odpowiednia i nie każdemu pomoże, ale abyś mógł przekonać się, jak zadziała na ciebie, zaplanuj przy jej użyciu jeden lub dwa dni. Teraz zobacz, jakie są zalety organizowania czasu za pomocą map myśli:

- główne cele oraz kroki prowadzące do ich realizacji są widoczne od razu;
- zawsze wiesz, od czego powinieneś zacząć, by wykonać zadanie;
- plan dnia jest bardziej uporządkowany niż w przypadku innych form organizowania czasu;
- ćwiczysz pamięć, co w przyszłości pozwoli ci rzadziej zaglądać do map myśli – wiele z ich elementów będziesz mógł odtworzyć samodzielnie.

Ćwiczenie

Korzystając ze wskazówek przedstawionych powyżej, stwórz własną mapę myśli przedstawiającą plan nadchodzącego dnia. Pamiętaj, że im bardziej barwny jest twój rysunek, tym większa szansa, że zamieszczone na nim informacje utrwalą ci się w pamięci. Nie bój się korzystać z kolorów i tworzyć małych symbolicznych rysunków obok zapisanych planów – to najlepszy sposób na to, by pobudzić wyobraźnię do działania.

Kiedy dzień korzystania z mapy myśli minie, nie zapomnij podsumować swoich działań. Odhacz zadania, które udało ci się zrealizować. Tak jak to było w przypadku każdego innego sposobu organizacji czasu (np. przy użyciu checklisty), szybkie podsumowanie pozwoli ci ocenić, ile czynności maksymalnie jesteś w stanie wykonać jednego dnia, i ułatwi dalsze planowanie. Co więcej, tworząc regularnie mapy myśli, masz szansę zauważyć, które zadania sprawiają ci trudność, i zastanowić się nad ich przyczyną.

Jeśli spodoba ci się ten sposób planowania czasu, możesz stworzyć mapy myśli dla większego przedziału czasowego – kilku dni lub całego tygodnia.

Dwie metody na podsumowanie

W tym krótkim podrozdziale zapoznasz się z dwiema kolejnymi technikami zarządzania czasem. Zawierają one większość opisywanych do tej pory zasad, ale ich niewątpliwą zaletą jest fakt, że przedstawiają je w innej, łatwej do zapamiętania formie. Możesz więc traktować je jako podsumowanie lub jako propozycję dla dociekliwych czytelników, którzy szukają najbardziej odpowiedniego dla siebie narzędzia.

Mowa o technikach GTD (*Getting Things Done*)[23] oraz OATS (*Outcomes, Activities, Time, Schedule*)[24], które w ostatnich latach zyskały popularność na całym świecie. Przez twórców tych metod są określane jako niezastąpione narzędzia, które służą zwiększeniu efektywności i chronią m.in. przed wypaleniem zawodowym. Niezależnie od tego, czy potrzebujesz pomocy w organizowaniu czasu na co dzień, czy tylko sporadycznego wsparcia w odzyskiwaniu kontroli nad sytuacją, zapoznaj się z tymi technikami. Sprawdzą się bowiem w obu opisanych przypadkach.

GTD, czyli sztuka bezstresowej efektywności

Metoda GTD została stworzona przez Davida Allena, amerykańskiego specjalistę do spraw produktywności. Dosłownie oznacza ona doprowadzanie rozpoczętych działań do końca, a przez samego autora została opisana jako sztuka bezstresowej efektywności.

---

[23] Więcej na temat metody GTD przeczytasz w: David Allen, *Getting Things Done, czyli sztuka bezstresowej efektywności*, tłum. Marcin Kapela, Helion, Gliwice 2013.

[24] Więcej na temat metody OATS przeczytasz w: Mike Clayton, *Zarządzanie czasem: jak efektywnie planować i realizować zadania*, tłum. Katarzyna Zimnoch, Edgard, Warszawa 2011.

Głównym założeniem tej techniki jest zebranie wszystkich zadań, jakie chcesz wykonać (teraz lub w przyszłości), w jeden logiczny system, który odciąży twój umysł i nauczy cię wytyczania kolejnych kroków prowadzących do realizacji określonego celu. Według Allena jest to możliwe dzięki prostemu pięcioetapowemu procesowi organizacji czasu, o którym mowa poniżej.

1. **Gromadzenie**

   Etap ten polega na regularnym gromadzeniu w odpowiednim miejscu (w skrzynce zadań przychodzących) wszystkich spraw, które chcesz załatwić. Dotyczy to zarówno zadań, które zostały przez ciebie już częściowo zrealizowane, jak i tych, których dopiero się podejmiesz albo nad którymi chcesz się zastanowić. Taką „skrzynką" mogą być np. notatki na luźnych kartkach lub w notatniku, pojemnik na bieżące dokumenty, a także odpowiedni folder w komputerze.

   Gromadzenie dotyczy wszystkich fizycznych przedmiotów, które wymagają twojej uwagi (np. zepsuty zegarek, nieposprzątana szafa) oraz snutych w głowie planów (np. przygotowanie świątecznego obiadu). Kluczem do poprawnego wykonania tego etapu jest korzystanie z jak najmniejszej liczby skrzynek. Jeśli zaczniesz gromadzić listy rzeczy do zrobienia w kilku różnych miejscach (np. na lodówce, w szufladzie i na biurku w pracy), szybko może się okazać, że zapomnisz o którejś z nich i nigdy ich nie zrealizujesz.

   Pamiętaj, że na tym etapie nie musisz analizować żadnej z planowanych czynności – na razie kompletujesz materiały i umieszczasz je w zewnętrznej skrzynce, odciążając tym samym umysł.

2. **Analizowanie**
   Kiedy zgromadziłeś już wszystko w jednym miejscu, nadchodzi moment, by każdą z tych rzeczy wnikliwie przeanalizować. Przyjrzyj się poszczególnym zadaniom i zastanów się, czego dotyczą. Odpowiedz sobie na pytanie, czy dana sprawa rzeczywiście wymaga podjęcia działania oraz czy chcesz się w to zaangażować. Jeśli odpowiedź na któreś z tych dwóch pytań brzmi „nie", zadanie możesz zakwalifikować do jednej z trzech kategorii:
   - kosz – zadania, których nigdy się nie podejmiesz;
   - archiwum – rzeczy niewymagające podjęcia działania, ale zawierające informacje, które mogą okazać się użyteczne w przyszłości;
   - kiedyś/może – zadania, nad których wykonaniem zastanowisz się kiedy indziej (bez dokładnego precyzowania, kiedy to nastąpi).

Wszystkie pozostałe plany przechodzą do kolejnego etapu.

3. **Porządkowanie**
   Na tym etapie już wiesz, co powinieneś zrobić, ale nadal panuje w tym spory bałagan. Żebyś mógł zacząć działać i umiejętnie wyznaczać kolejne kroki, musisz uporządkować swoje zadania. Podziel je w następujący sposób:
   - najbliższe zadania – lista działań do jak najszybszego zrealizowania;
   - projekty – lista zawierająca zadania złożone z kilku etapów (np. szykowanie wyprawki szkolnej dla dziecka);
   - oczekiwane – lista rzeczy, w sprawie których czekasz na informacje lub odpowiedź od innych osób (np. od fachowca, którego poprosiłeś o wycenę naprawy telewizora);

- kalendarz – rzeczy, które wymagają zaplanowania na konkretny dzień i godzinę, ale niekoniecznie muszą zostać zrealizowane jak najszybciej.

4. **Przeglądanie**
   Aby korzystanie z metody GTD miało sens, naucz się systematyczności. Samo zgromadzenie spraw do załatwienia, ich przeanalizowanie i uporządkowanie nie wystarczy. Jeśli zrobisz to tylko raz i nigdy więcej do nich nie zajrzysz, efekty twojej pracy utrzymają się bardzo krótko. Dlatego regularnie przeglądaj materiały, które zgromadziłeś. Na bieżąco, np. każdego dnia wieczorem, analizuj zadania, które udało ci się wykonać, aktualizuj listy i dopisuj nowe aktywności. W ten sposób system, który stworzyłeś, przez cały czas będzie działać wydajnie, a ty na stałe odciążysz swój umysł. Dobrym pomysłem jest też przeglądanie wszystkich materiałów raz na tydzień, by wychwycić działania, których się podejmujesz, z szerszej perspektywy.

5. **Realizacja**
   Po przejściu przez wszystkie poprzednie etapy pozostało ci już tylko jedno – zrealizować wybrane zadanie. W tym miejscu decydujesz jedynie, czym chcesz się w danej chwili zająć, i określasz dokładnie kroki, które do tego prowadzą. Twoja decyzja będzie uzależniona od tego, w jakiej sytuacji się aktualnie znajdujesz, a także jaką ilością czasu i energii dysponujesz.

Ciekawostka

David Allen w swojej książce wspomina o jeszcze jednej ważnej zasadzie związanej z metodologią GTD. Dotyczy ona wszystkich czynności, których wykonanie zajmuje stosunkowo mało czasu. Zgodnie z tą zasadą, jeśli wiesz, że zadanie zajmie ci dwie minuty lub mniej, nie odkładaj go na później, tylko zrób od razu. Nie tracisz wtedy czasu na wpisywanie tej prostej czynności na listę rzeczy do zrobienia, ponieważ załatwiasz ją natychmiast. Dzięki temu wiele z twoich długoterminowych planów posuwa się do przodu, choć nie wkładasz w to większego wysiłku. Dwie minuty to czas na tyle krótki, że możesz pozwolić sobie na wykonanie nawet kilkunastu tego typu czynności, nie wpływając w znaczący sposób na przebieg twoich planów. Przykładowo, zrealizowanie 15 takich zadań zajmie ci jedynie pół godziny, a ty znacząco zminimalizujesz liczbę rzeczy, które masz na głowie. Poniżej znajduje się kilka przykładów aktywności, których wykonanie zazwyczaj mieści się w dwóch minutach.

W domu:
- wyrzucenie śmieci;
- przybicie gwoździa do ściany i zawieszenie obrazka;
- włożenie naczyń do zmywarki i nastawienie zmywania;
- zapłacenie rachunków (sprawdza się, jeśli korzystasz z internetowego konta bankowego, a dane oraz kwoty potrzebne do przelewów masz już zapisane w historii).

W pracy:
- posegregowanie bieżących dokumentów;
- odpisanie na maila (jedynie na krótkie wiadomości, które nie wymagają od ciebie głębszego zastanowienia);
- szybka konsultacja projektu ze współpracownikiem;
- przekazanie dokumentów innej osobie.

Zasada dwóch minut uczy, że najlepiej od razu wykonać proste i niewymagające czynności. Planowanie i zapisywanie ich na kartce w tym przypadku wiązałoby się z niepotrzebną stratą czasu i energii.

Metoda OATS w czterech krokach

Ciekawą propozycją techniki ułatwiającej zarządzanie czasem jest OATS. Warto ją wypróbować, w szczególności jeśli metoda GTD wydaje ci się zbyt skomplikowana i czasochłonna. OATS to akronim, który pochodzi od czterech angielskich słów: *Outcomes, Activities, Time, Schedule*. Każde z nich odpowiada jednemu krokowi, który należy wykonać przy planowaniu i realizowaniu określonego celu. Poniżej krótki opis każdego z nich.

Krok 1. Wyniki (ang. *outcomes*)

Pierwszym krokiem jest określenie wyników, jakie chcesz osiągnąć w wybranym przedziale czasowym (np. w ciągu jednego dnia, tygodnia, miesiąca lub nawet roku). Krótko mówiąc, będą to wszystkie cele, które zostały ci narzucone z zewnątrz, oraz te, które sam przed sobą postawiłeś. Pamiętaj, żeby nie ustalać ich zbyt wiele. Optymalną liczbą będzie 3–6 celów na tydzień. Część z nich może okazać się bardziej skomplikowana, niż myślisz, i ich zrealizowanie potrwa znacznie dłużej, niż początkowo przypuszczałeś. Z tego powodu lepiej ograniczyć ich liczbę i przeznaczyć więcej czasu na ich dokładne zrealizowanie.

Krok 2. Działania (ang. *activities*)

Kiedy już określisz rezultaty pracy, którą zamierzasz wykonać, wyznacz konkretne działania do nich prowadzące. Najlepszym pomysłem jest stworzenie osobnych list zadań dla każdego wyniku.

Przykładowo, jeśli ustaliłeś cztery cele na nadchodzący tydzień, wypisz, co w związku z tym powinieneś zrobić, na czterech osobnych kartkach. Dzięki temu wystarczy rzut oka, by zauważyć, jakie kroki musisz podjąć, żeby zrealizować dane zadanie. Gdy już uda ci się osiągnąć któryś z wyników, jedną listę będziesz mógł całkowicie wykreślić. Będzie to namacalny dowód na to, że twoja praca posuwa się do przodu, a ty poczujesz się zmotywowany do dalszego działania.

Krok 3. Czas (ang. *time*)

Krok trzeci polega na oszacowaniu czasu, który będzie ci potrzebny na każde zadanie. Jeśli masz do czynienia z czynnościami, których już podejmowałeś się w przeszłości albo są do nich podobne, sprawa jest prosta. Możesz z dużym prawdopodobieństwem ustalić, jak długo będziesz je wykonywał. Trudniejsze jest oszacowanie skomplikowanych aktywności, które pojawiają się w twoim życiu po raz pierwszy. W takiej sytuacji najlepiej jest podzielić je na kilka mniejszych etapów i oszacować czas trwania dla każdego z nich. Kiedy już to zrobisz, zsumuj wszystkie wyniki i dodaj do nich jeszcze dodatkową godzinę lub dwie. Warto to zrobić, ponieważ w trakcie wykonywania zadań może niespodziewanie wydarzyć się coś, co wydłuży czas twojej pracy (np. do wystawnej kolacji zabraknie ci ważnego składnika i będziesz musiał go kupić).

Krok 4. Harmonogram (ang. *schedule*)

Ostatni krok to ustalenie harmonogramu działań. Na tym etapie wybierasz dokładną porę dnia, kiedy chcesz zająć się pracą, a także ustalasz, jak często będziesz robić przerwy i jak długo będą one trwały (pomocna może się okazać technika Pomodoro).

Weź pod uwagę, w jakich godzinach jesteś najbardziej wydajny. Jeśli lepiej czujesz się o godzinie 16:00 niż o 20:00, zaplanuj najtrudniejsze aktywności właśnie na ten czas. Zyskasz pewność, że twoja praca będzie efektywna, a ty unikniesz przemęczenia.

Planując różnego rodzaju czynności przy użyciu metody OATS, pamiętaj o ważnej rzeczy. Jeśli twój cel jest skomplikowany i składa się z wielu etapów, może być ci trudno opracować plan działania zgodnie z czterema powyższymi krokami. Podziel go więc na kilka lub kilkanaście mniejszych celów i każdy z nich traktuj jako osobny wynik (*outcome*), do którego dopasujesz odpowiednie działania (*activities*), oszacujesz czas (*time*) oraz ustalisz harmonogram (*schedule*).

Ćwiczenie

W ramach ćwiczenia zaplanuj zrealizowanie jednego celu przy użyciu metody OATS. Pamiętaj, żeby trzymać się czterech opisanych powyżej kroków. Precyzyjnie i szczegółowo określ wynik, który chcesz osiągnąć, a potem postaraj się jak najdokładniej oszacować czas potrzebny do wykonania poszczególnych działań. Poniżej znajdziesz przykład, jak zrealizować cel za pomocą techniki OATS. Zapoznanie się z nim pomoże ci lepiej zrozumieć tę metodę i prawidłowo wykonać ćwiczenie.

Przykład:

Wynik	**Działania**	**Czas**	**Harmonogram działań i przerw**
Do wieczora przygotuję świąteczną kolację dla całej rodziny.	1. Zrobię listę zakupów.	10–15 minut	9:00–9:30
	2. Pójdę na targ i kupię potrzebne produkty.	1 godzina	9:30–11:00
			przerwa na drugie śniadanie
	3. Przygotuję dania na zimno.	2–3 godziny	12:00–16:00
			przerwa na odpoczynek i przygotowanie do wizyty rodziny (wzięcie prysznica, wybór stroju)
	4. Upiekę ciasto.	1,5 godziny	17:00–19:00
			oczekiwanie na przybycie rodziny

Podsumowanie

1. Dystraktory to wszystkie przedmioty i czynności, które cię rozpraszają i sprawiają, że nie jesteś w stanie wykonać zaplanowanego zadania w wyznaczonym czasie i/lub na wystarczająco dobrym poziomie. Aby je pokonać, musisz przede wszystkim zauważyć, jakie czynniki rozpraszające pojawiają się w określonych sytuacjach w twoim życiu.
2. W walce z dystraktorami może ci pomóc włoska technika Pomodoro. Polega ona na tym, by określić dokładną ilość czasu, jaką chcesz przeznaczyć na realizację danego zadania, oraz wyznaczyć długość przerw (standardowo czas pracy w tej technice wynosi 25 minut, a przerwy dzielą się na krótkie: 3–5 minut oraz długie: 15–30 minut).
3. Nie lekceważ znaczenia przerw – pamiętaj, że twoja efektywność spada wraz z czasem, jaki poświęcasz pracy. Chwila odpoczynku może przynieść wspaniałe rezultaty: lepszą koncentrację na zadaniu i zwiększenie ogólnej wydajności.
4. Alternatywą dla tradycyjnych narzędzi służących organizowaniu czasu są mapy myśli. Zalety tego rozwiązania to: wyodrębnienie głównych celów i kroków do nich prowadzących, uporządkowanie planu dnia, a także ćwiczenie pamięci.
5. Metoda GTD (*Getting Things Done*) polega na tym, że zbierasz wszystkie swoje plany (teraźniejsze lub przyszłe) w jeden logiczny system. W ten sposób zwalniasz umysł z ciągłego myślenia o nich i wyrabiasz nawyk porządkowania swoich zadań tak, abyś w każdej chwili miał do nich dostęp.
6. Zgodnie z metodą GTD, jeśli jakaś czynność zajmie ci jedynie dwie minuty, nie odkładaj jej na później, tylko wykonaj ją od razu. Dzięki temu lista rzeczy do zrobienia znacząco się skróci, a długoterminowe plany zaczną posuwać się do przodu.

7. OATS (*Outcomes*, *Activities*, *Time*, *Schedule*) to prosta metoda umożliwiająca zarządzanie czasem. Stosując się do tych czterech kroków, możesz nauczyć się wyznaczać cele, określać działania do nich prowadzące, szacować czas potrzebny na ich wykonanie i opracowywać harmonogram działań.

5.

Nowoczesne narzędzia ułatwiające planowanie

Większość dotychczasowych porad i wskazówek opierała się przede wszystkim na wykorzystaniu tradycyjnych narzędzi do zarządzania czasem. Checklista, notatnik i kalendarz – bo o nich tu mowa – zostały szczegółowo opisane w rozdziale 3. Są to narzędzia, które zna każdy, ty również. Być może nawet nie wyobrażasz sobie bez nich codziennego funkcjonowania. Jeśli tak jest, to nie musisz tego zmieniać. Jeżeli jednak męczy cię mozolne tworzenie notatek każdego dnia i w dodatku zapominasz, by regularnie do nich zaglądać, to mogą cię zainteresować nowoczesne narzędzia ułatwiające planowanie. Z powodzeniem zastąpią tradycyjne metody albo staną się dla nich ciekawym uzupełnieniem.

Narzędzia te są ci dobrze znane – to komputer stacjonarny, laptop, telefon komórkowy oraz programy i aplikacje, które możesz na nich zainstalować. Jeśli kojarzą się one raczej z marnowaniem czasu, to ten rozdział pozwoli ci spojrzeć na nie z innej perspektywy.

Jak telefon i komputer mogą ułatwić ci życie?

Bardzo często telefon komórkowy i komputer rozpraszają uwagę oraz utrudniają działanie. Jednak to od ciebie zależy, w jaki sposób będziesz korzystać z tych urządzeń. Mogą się bowiem okazać niezwykle pomocne w zarządzaniu czasem, jeśli będziesz przestrzegać dwóch ważnych zasad:

- **Traktuj programy komputerowe jako osobne narzędzia.**
  Za każdym razem, kiedy wykorzystujesz jakiś program (np. edytor tekstu) do realizacji określonego zadania, traktuj go jako osobne narzędzie. W takim momencie komputer jako całość nie powinien mieć dla ciebie znaczenia. Pisząc w edytorze, myśl o nim jak o kartce papieru; edytując zdjęcia w programie graficznym, poczuj się jak profesjonalny grafik i zapomnij o pozostałych funkcjach komputera. Taki sposób myślenia sprawi, że minimalizujesz ryzyko, iż rozproszą cię np. nowa gra komputerowa lub pożyczony od znajomego film.

- **Wycisz tło.**
  Praca przy użyciu elektronicznych urządzeń – jak wiele innych działań, które podejmujesz na co dzień – wymaga od ciebie skupienia. Skoncentrowanie się na zadaniu może okazać się niemożliwe, jeśli będzie przeszkadzał ci hałas spowodowany przez telewizor, radio czy rozmowy współpracowników. Dlatego zawczasu pomyśl o „wyciszeniu tła". Ogranicz bodźce napływające zarówno z urządzeń, które obsługujesz, jak i z szerszego otoczenia. Krótko mówiąc – wyłącz je albo przenieś się w ciche miejsce.

Nie bądź dla siebie jednak zbyt surowy. Jeśli lepiej pracuje ci się z muzyką cicho grającą w tle – nie wyłączaj jej. Prawdopodobnie przyniosłoby to skutek odwrotny do zamierzonego.

Pewnie zadajesz sobie pytanie: po co mówić o telefonie komórkowym i komputerze, skoro tak dobrze sprawdzają się notatnik i kalendarz? Odpowiedź jest prosta: nie ma uniwersalnej metody odpowiedniej dla każdej osoby i sytuacji. W niektórych przypadkach tradycyjne sposoby planowania nie zdają egzaminu. Wtedy warto wykorzystać nowoczesne urządzenia. Poniżej znajdziesz przykład ilustrujący taką sytuację.

Przykład

66

Kasia pracuje jako instruktorka fitness w kilku klubach sportowych w swoim mieście. Codziennie prowadzi zajęcia w innym miejscu, a jej grafik często się zmienia. W ramach czasu wolnego w poniedziałki i czwartki po południu uczęszcza na zajęcia z języka francuskiego, który jest jedną z jej pasji. Zaczyna już planować wakacyjny wyjazd do Francji, na który od wielu miesięcy odkłada pieniądze. To wszystko sprawia, że codziennie musi pamiętać o różnych rzeczach i szybko zauważa, że nie radzi sobie z organizacją czasu. Na początku postanawia więc skorzystać z tradycyjnej metody ułatwiającej planowanie – z checklisty. Wypisuje na kartce wszystkie zadania, które ma wykonać w nadchodzącym tygodniu, oraz określa ich priorytetowość przy użyciu metody ABCDE (patrz: rozdział 3). Wśród zadań oznaczonych literą A znalazły się m.in.: prowadzenie zajęć (z uwzględnieniem lokalizacji i czasu ich trwania), nauka słówek i gramatyki na sprawdzian z języka francuskiego oraz zakup biletów lotniczych do Paryża.

Chociaż prawidłowo przygotowała listę spraw do załatwienia i podjęła odpowiednie kroki, by lepiej zarządzać czasem, zapomniała o najważniejszym. O regularności. Przez zna-

jomych Kasia jest postrzegana jako osoba roztargniona. Nic więc dziwnego, że checklista zamiast pomóc jej w organizowaniu czasu, jeszcze bardziej je utrudniła. Już kilka godzin po jej ułożeniu nie pamiętała, gdzie położyła kartkę! Musiała więc zrobić ją jeszcze raz, chociaż wcale nie miała na to ochoty. Po kilku dniach zamiast jednej checklisty, uzupełnianej i modyfikowanej, Kasia miała kilka luźnych kartek ze spisem rzeczy do zrobienia, które znajdowała w różnych miejscach mieszkania – i nie tylko (w szufladzie biurka w klubie sportowym, w podręcznej torebce). W efekcie problem z zarządzaniem czasem pozostał nierozwiązany. Dodała do niego tylko dodatkowy obowiązek – tworzenie list rzeczy do zrobienia.

Powyższy przykład pokazuje, że tradycyjne listy spraw do załatwienia nie są dla każdego. Niektórzy ludzie uważają ten sposób planowania za stratę czasu, a każda kolejna próba kończy się niepowodzeniem. Jeśli dostaną w prezencie kalendarz, będą go uzupełniać przez kilka pierwszych tygodni. Później o nim zapomną i znajdą go po miesiącach gdzieś na dnie szuflady. Kasia również nie potrafiła zmobilizować się do regularnego planowania przy użyciu checklist. Co można zrobić w takiej sytuacji?

Na pomoc przychodzą tu nowoczesne urządzenia. Są programy, które można za darmo pobrać i zainstalować na elektronicznych gadżetach, z których na co dzień korzystasz. Przykładami popularnych i lubianych aplikacji służących do zarządzania czasem są: Nozbe, Evernote czy Forest (ich dokładny opis, jak też innych, znajdziesz w jednym z kolejnych podrozdziałów). Już nie będziesz musiał zaprzątać sobie głowy ciągłym przeglądaniem list rzeczy do zrobienia, uzupełnianiem ich i przepisywaniem na czysto. Wystarczy, że będziesz miał przy sobie telefon z aplikacją i ją spersonalizujesz, np. ustawiając powiadomienia na określony dzień i godzinę.

Telefon i e-mail kontra spotkanie służbowe

Wymienione powyżej narzędzia są użyteczne również przy organizowaniu spotkań służbowych. Podczas takich zebrań efektywne wykorzystanie czasu często bywa trudne. Zwłaszcza gdy chodzi o dużą grupę ludzi, z którymi dopiero zaczynasz pracę nad nowym projektem. W takiej sytuacji zwykle większość czasu traci się na dyskusje niezwiązane z tematem, rozmowy towarzyskie lub wykłócanie się o szczegóły, co nie posuwa pracy nawet o krok. Nie wspominając o tym, ile cennych minut zajmuje dojazd na spotkanie, oczekiwanie na spóźnione osoby czy też tłumaczenie złożoności problemu tym, którzy nie przygotowali się do dyskusji. Dotyczy to spotkań nie tylko służbowych, lecz także takich, podczas których masz we współpracy z innymi (np. ze stowarzyszeniem lub organizacją charytatywną) rozwiązać jakiś problem. Większość tego typu spraw może być omówiona w wiadomościach mailowych lub przez telefon (np. podczas telekonferencji lub za pomocą komunikatorów).

Timothy Ferriss we wspomnianej książce *4-godzinny tydzień pracy*[25] proponuje następującą kolejność rozwiązywania problemów:

1. **Kontakt przez wiadomości e-mail**
   Jest to możliwe nawet wówczas, gdy dane zagadnienie omawiają więcej niż dwie osoby. Wiadomości mogą być wysyłane do kilku odbiorców jednocześnie lub przekazywane dalej. Dzięki takiej formie kontaktu każda z zainteresowanych osób

[25] Timothy Ferriss, dz. cyt.

ma czas, by zastanowić się nad problemem i dokładnie opisać swoje przemyślenia oraz pomysły. Na koniec pozostaje przegłosować najlepsze spośród proponowanych rozwiązań. Jeśli ten sposób komunikacji zawiedzie (np. z powodu dużej rozbieżności zdań lub trudności ze wzajemnym zrozumieniem), przejdź do następnego kroku.

2. **Rozmowa telefoniczna (lub telekonferencja)**
   Niektóre problemy łatwiej jest przeanalizować, kiedy rozmówcy widzą swoje wzajemne reakcje i słyszą bardziej dokładne wytłumaczenie przedstawionych pomysłów. Taką możliwość oferują komunikatory – za ich pomocą możesz stworzyć telekonferencję, w której weźmie udział cały zespół.

3. **Spotkanie służbowe**
   W ostateczności, jeśli rozmowa telefoniczna również nie przyniesie oczekiwanych rezultatów, pomyśl nad zorganizowaniem spotkania służbowego.

Plusów korzystania z powyższego schematu postępowania jest wiele, a wszystkie sprowadzają się do jednego – oszczędności czasu. Oczywiście nie oznacza to, że wszystkie spotkania służbowe są z góry skazane na porażkę i że najlepiej byłoby ich unikać. Mają też wiele niewątpliwych zalet, m.in. dają możliwość budowania relacji w zespole, poczucia przynależności czy też szansę na odkrycie nowych rozwiązań podczas burzy mózgów.

Pozostaje więc odpowiedzieć sobie na pytanie, w jaki sposób zorganizować spotkanie, by było efektywne. Oto kilka prostych kroków, które możecie wykonać jeszcze na etapie ustaleń za pośrednictwem wiadomości mailowych oraz rozmów telefonicznych:

- Określcie z wyprzedzeniem problem lub zagadnienie, nad którym będziecie pracować, tak aby każdy miał czas go przemyśleć i odpowiednio przygotować się do dyskusji.
- Wyznaczcie osobę, która poprowadzi spotkanie, jeśli nie zostało to ustalone wcześniej.
- Stwórzcie plan spotkania i zatwierdźcie go z innymi – powinno tam znaleźć się miejsce na krótkie omówienie problemu, czas dla każdego z uczestników na zaprezentowanie pomysłów oraz głosowanie.
- Określcie godzinę spotkania oraz dokładną długość jego trwania (pamiętaj, że im krótsze spotkanie, tym szybciej przejdziecie do sedna sprawy – optymalny czas to 30–60 minut).

Wskazówka

W każdej sytuacji zawodowej, w której masz za zadanie ustalić coś z inną osobą (np. ze współpracownikiem lub z zespołem), postępuj zgodnie ze schematem:

kontakt przez wiadomości e-mail ⟶ rozmowa telefoniczna ⟶ spotkanie służbowe

Pozwoli to zaoszczędzić dużo czasu i szybko (zwykle na etapie pierwszym lub drugim) znaleźć rozwiązanie problemów, które pojawiają się w twojej pracy.

Organizowanie przestrzeni wirtualnej

Mówiąc o zarządzaniu czasem przy wykorzystaniu urządzeń elektronicznych, nie można pominąć istotnej sprawy – organizacji przestrzeni wirtualnej. Tak samo jak w przypadku twojego miejsca pracy (patrz: rozdział 3), tutaj również niebagatelną rolę odgrywa porządek. Dlaczego? Po pierwsze dlatego, że bałagan w folderach i na pulpicie sprawia, iż dużo czasu marnujesz na odnalezienie potrzebnych plików. Często musisz przerwać pracę, żeby znaleźć dokument, którego aktualnie potrzebujesz – i ta krótka przerwa przedłuża się, ponieważ nie wiesz, w którym miejscu na dysku komputera go umieściłeś. Po drugie, podobnie jak w przypadku nieporządku panującego w twoim otoczeniu, tutaj także bałagan zwiększa liczbę czynników, które mogą rozproszyć twoją uwagę. Jest to prawdopodobne, jeśli należysz do osób, które na pulpicie komputera przechowują wszystkie możliwe pliki – począwszy od zdjęć z wakacji, poprzez ikony dokumentów, które są aktualnie potrzebne, a skończywszy na folderach z ulubioną muzyką. W takiej sytuacji naprawdę trudno nie ulec pokusie – wystarczy, że na chwilę zminimalizujesz okno programu, w którym pracujesz, a twoim oczom ukaże się ogrom kuszących możliwości.

Utrzymanie porządku w wirtualnej przestrzeni ma szczególne znaczenie w miejscu pracy. Może się zdarzyć, że ktoś będzie musiał cię zastąpić, gdy np. pójdziesz na urlop albo zachorujesz. W pierwszej sytuacji prawdopodobnie zdążysz się przygotować i dokładnie wytłumaczyć swojemu zastępcy, gdzie znajdzie potrzebne pliki i foldery, więc problem pozostanie niezauważony. Dużo gorzej będzie, gdy dopadnie cię np. grypa. Jeśli w twoim komputerze znajduje się mnóstwo różnych danych (niekoniecznie związanych z pracą), to znalezienie istotnych informacji dla osoby z zewnątrz stanie się niemożliwe. Dlatego tak ważne jest, by utrzymywać porządek na służbowych urządzeniach. Ułatwisz pracę nie tylko sobie, lecz także potencjalnym osobom, które przez jakiś czas będą cię zastępować.

W teorii brzmi to oczywiście prosto, ale wykonanie może już okazać się trudniejsze. Porządkowanie zawartości komputera, który posiadasz od dłuższego czasu, będzie zapewne żmudne i niezwykle czasochłonne. Warto jednak pamiętać, że nawet jeśli zajmie ci to kilka lub kilkanaście godzin, końcowy efekt będzie tego wart. Ułatwi ci to kilka praktycznych wskazówek.

1. **Jednolity system nazewnictwa**
   Porządkując foldery, które znajdują się w twoim komputerze, najlepiej z góry określ je spójnym systemem nazewnictwa. Sprawdzi się to w przypadku większości plików (zarówno w komputerze służbowym, jak i prywatnym) i sprawi, że w przyszłości zaoszczędzisz sporo czasu. Jak to możliwe? Nazywając dokumenty w określony sposób, w dowolnym momencie i bez trudu odnajdziesz to, czego potrzebujesz (np. przy użyciu wyszukiwarki systemowej) i nie zajmie to wiele czasu. Istnieją dwa rodzaje plików, w przypadku których jednolity system nazewnictwa jest szczególnie przydatny.
   - Zdjęcia – wiele osób gromadzi ogromną ich liczbę na dyskach komputerów prywatnych (nawet z kilkunastu lat). Jeśli foldery z fotografiami nie mają konkretnych nazw i są rozmieszczone w różnych miejscach, to znalezienie tego konkretnego, by je np. wydrukować, graniczy z cudem. Z tego powodu warto je odpowiednio uporządkować. Możesz stworzyć jeden folder główny zatytułowany „Zdjęcia". Następnie umieść w nim podfoldery z nazwami konkretnych dat (np. „2015", „2016", „2017"). Potem wystarczy już tylko wklejać zdjęcia z konkretnych wypraw. Oczywiście każda z nich powinna mieć osobny folder, w którego tytule znajdzie się miesiąc oraz nazwa miejsca, w którym byłeś, lub okazji, w której uczestniczyłeś (np. „Luty – Bieszczady" lub „13.04 – wesele Ani"). Warto zaznaczyć, że zdjęcia to

rodzaj plików, który najlepiej przechowywać w komputerze prywatnym. Oczywiście jedna fotografia ustawiona jako tapeta na służbowym laptopie to nic złego, ale gromadzenie wielu może jedynie utrudnić skupienie się na wykonywanej pracy.

- Każdy ma przynajmniej kilka ważnych plików w swoim komputerze. Stwórz specjalny folder przeznaczony tylko dla nich. Uważaj na sposób, w jaki je nazywasz. Przykładowo, tytuł: „Ważne – faktura" za dwa tygodnie niewiele powie ci na temat tego dokumentu. Może być ci trudno go znaleźć, gdy będziesz potrzebować właśnie tej konkretnej faktury spośród setek innych, znajdujących się na twoim dysku. Dodanie daty wystawienia tego dokumentu i jednego lub dwóch słów opisujących, czego on dotyczy, powinno rozwiązać problem.

Nazywanie plików lub folderów ciągiem losowych znaków (np. „adfgggh") nie jest dobrym pomysłem. Taka nazwa nie mówi nic o zawartości, więc każdorazowo będziesz musiał sprawdzić, co się pod nią kryje. Poza tym nie będziesz miał możliwości, by odnaleźć taki dokument w wyszukiwarce systemu.

2. Hierarchizacja folderów

W pewnych przypadkach wprowadzenie jednolitego systemu nazewnictwa może okazać się niemożliwe, np. gdy rozpoczynasz pracę nad nowym projektem. Wówczas wiele plików w twoim komputerze służbowym zostanie opatrzonych roboczymi tytułami, które będą się wielokrotnie zmieniać w ciągu następnych dni lub tygodni. Dlatego dobrze jest korzystać z jeszcze jednego, odrębnego systemu porządkującego, który ułatwi ci odnalezienie potrzebnych dokumentów nawet bez znajomości ich konkretnych nazw. Chodzi o hierarchizację folderów, czyli korzystanie z tzw. struktury drzewa. W skrócie polega to na przechodzeniu od katalogów najbardziej ogólnych i najszerszych znaczeniowo do coraz bardziej szczegółowych. Jak wykorzystać to w praktyce? Stwórz jeden główny folder, który będzie zawierał wszystkie pliki związane z twoim nowym projektem. Następnie załóż w nim podfoldery odpowiadające konkretnym etapom pracy lub jej elementom składowym. W każdym z nich będziesz umieszczał coraz bardziej szczegółowe katalogi bądź pliki (tekstowe, dźwiękowe, wizualne itp.), będące bezpośrednim efektem podejmowanych przez ciebie działań.

3. **Minimalizm**
   Robiąc generalne porządki na dysku, podejdź do nich w sposób minimalistyczny. Jeśli w twoim komputerze znajdują się programy czy pliki, z których nie korzystałeś przynajmniej od pół roku, zastanów się nad ich całkowitym usunięciem. Po co zaśmiecać komputer czymś, co być może nie przyda ci się już nigdy? Minimalizm będzie mile widziany również przy porządkowaniu pulpitu. Sytuacja, w której każda wolna przestrzeń zajęta jest przez ikony, a nowe pliki się na nim nie mieszczą, sprzyja rozproszeniu uwagi i obniżeniu wydajności. Pozostaw więc na pulpicie tylko te skróty programów, których używasz na co dzień (lub przynajmniej dwa razy w tygodniu). Pozostałe ikony schowaj głębiej, np. w menu startowym lub odpowiednich folderach na wybranym dysku.

Warto również wspomnieć o wszelkiego rodzaju komputerowych dystraktorach, czyli grach, plikach z muzyką lub filmami. Dla nich najlepiej utworzyć odrębne foldery i schować je w wybranym miejscu w komputerze, aby nie były widoczne od razu po uruchomieniu systemu – nie będą kusiły, by natychmiast do nich zajrzeć.

Miejsca takie jak folder z pobranymi plikami czy też kosz powinny być regularnie opróżniane (najlepiej raz w tygodniu lub częściej). W pierwszym z nich teoretycznie znajdują się rzeczy, które są ci potrzebne. Jednak trzymanie ich w jednym miejscu mija się z celem. Dużo lepiej jest od razu przenieść je do odpowiednich folderów (ważne dokumenty w jedno miejsce, muzyka w inne, zdjęcia w jeszcze inne itd.). W przypadku kosza pamiętaj o jednej prostej zasadzie. Przenoś do niego tylko te pliki, których na pewno nie potrzebujesz. Postaraj się unikać sytuacji, gdy kosz stanie się kolejnym folderem do przechowywania – będziesz tracił czas, przeglądając go, by odsiać to, co naprawdę jest ci potrzebne.

4. **Opisy plików służbowych**
   Ta wskazówka będzie szczególnie przydatna dla osób, które w swojej pracy korzystają z komputera. Utrzymywanie porządku w przestrzeni wirtualnej jest ważne, gdy ktoś inny ma na jakiś czas przejąć twoje obowiązki. Pewna rzecz może znacząco ułatwić pracę zarówno tobie, jak i zastępującym cię osobom – opisy plików służbowych w formie papierowej. Stwórz krótki wykaz zawierający:
   - nazwy dokumentów, nad którymi aktualnie pracujesz;
   - ich lokalizację na dysku komputera;
   - kilkuzdaniowy, skrótowy opis;
   - status realizacji (np. procentowo, ile już udało ci się zrobić, lub używając innych określeń zrozumiałych również dla twoich współpracowników).

Tak stworzoną listę możesz wydrukować i powiesić w widocznym miejscu w pobliżu komputera (np. na tablicy korkowej w twoim boksie) lub położyć w pojemniku na aktualne dokumenty. Dobrym pomysłem jest regularne aktualizowanie wykazu – usuwanie wykonanych projektów, dopisywanie nowych i zmienianie statusu realizacji tych, nad którymi nadal pracujesz. Możesz to robić np. raz na dwa tygodnie lub z inną częstotliwością – wszystko zależy od dynamiki twojej pracy i liczby plików, których na co dzień używasz. Stosując to rozwiązanie, będziesz na bieżąco kontrolował tempo swojej pracy, a ewentualni zastępcy bez trudu odnajdą potrzebne pliki.

5. **Kopie zapasowe**
Porządkując zawartość komputera, nie zapomnij o utworzeniu kopii zapasowej. Zrób to na końcu wirtualnych porządków, kiedy wszystko znajdzie się już w odpowiednim miejscu, a tobie pozostanie tylko podziwiać efekty własnej pracy.

Do tego celu przyda ci się dysk zewnętrzny, na który będziesz mógł skopiować wszystko to, co jest dla ciebie szczególnie cenne. Innym rozwiązaniem są internetowe chmury – to jednak wiąże się z dodatkowymi opłatami w przypadku, gdy potrzebujesz większej przestrzeni na swoje pliki. To, że warto robić kopie zapasowe, dla nikogo nie powinno być zaskoczeniem. Sprzęt, z którego na co dzień korzystasz, w każdej chwili może ulec awarii, pozbawiając cię tym samym wielu ważnych plików. Przykładowo, jeśli od miesięcy pracowałeś nad dokumentem (np. pracą magisterską lub doktorską), jego utrata okaże się szczególnie uciążliwa. Będzie się to wiązać ze stratą ogromnej ilości czasu i energii na próbach odtworzenia tego, co już wcześniej udało ci się zrobić w tej samej lub podobnej formie. Utrata plików, takich jak np. zdjęcia z ostatnich wakacji, może okazać się równie bolesna ze względu na ich wartość sentymentalną. Częste robienie kopii zapasowych pozwoli uniknąć tego typu nieprzyjemnych sytuacji.

Należy wspomnieć o jeszcze jednej zasadzie dotyczącej organizacji przestrzeni wirtualnej. Nie wystarczy jednorazowo uporządkować zawartość komputera i korzystać z niego tak jak do tej pory, nie zmieniając swoich przyzwyczajeń. Tak samo jak w przypadku bałaganu panującego w domu tutaj również podstawą jest regularne sprzątanie. Nie da się uniknąć chaosu bez codziennego trzymania się przedstawionych powyżej wskazówek i kontrolowania plików.

Najlepiej gdybyś wdrożył powyższe zasady od momentu, kiedy kupisz komputer. Wprowadzając klarowny system porządkujący od początku, łatwiej utrzymasz porządek na późniejszym etapie – wystarczy, że będziesz umieszczać nowe pliki we wcześniej określonych miejscach i nadawać im odpowiednie nazwy, a potem regularnie opróżniać kosz i folder z pobranymi plikami.

Porządek w skrzynce mailowej

Zupełnie odrębnym tematem jest utrzymanie porządku w skrzynce mailowej. Dlaczego? Ponieważ jest to przestrzeń zmieniająca się dynamicznie – pojawiają się nowe wiadomości, a stare zostają wyrzucone albo przesuwają się niżej w historii korespondencji. Skrzynka mailowa to także miejsce, w którym gromadzone są informacje z wielu różnych kategorii. Zarówno tych ważnych (np. rezerwacje noclegu na wakacyjny wyjazd), jak i błahych (np. prywatna korespondencja ze znajomym z pracy). Dlatego sortowanie korespondencji ma nieco inny charakter niż porządkowanie zawartości komputera i warto poświęcić temu osobne miejsce.

Większość stron internetowych lub programów do obsługi skrzynki mailowej zawiera podobne opcje. Poniżej znajdziesz kilka uniwersalnych porad dotyczących tego, w jaki sposób porządkować tę przestrzeń i z jakich narzędzi możesz w tym celu skorzystać.

1. **Pozbądź się spamu, czyli niechcianych wiadomości elektronicznych.**
   Jeśli po otwarciu programu pocztowego widzisz kilkanaście maili z ofertami handlowymi lub biuletynami informacyjnymi (tzw. newsletterami), to znak, że w twojej skrzynce panuje chaos. Najwyższa pora, by to zmienić. Jedną z możliwości jest oczywiście codzienne usuwanie niechcianych wiadomości, zanim przejdziesz do przejrzenia naprawdę ważnych informacji. Wiąże się to jednak ze stratą czasu i niepotrzebnym rozpraszaniem uwagi. Dużo lepiej będzie zatem skorzystać z poniższych rozwiązań:
   - Jeśli to możliwe, **anuluj subskrypcję** z wybranych stron internetowych. Bardzo często zdarza się, że zakładając konto na różnego typu serwisach, nieświadomie podpisujesz zgodę na otrzymywanie ich wiadomości handlowych. Później trudno jest się z tego wycofać – w szczególności gdy z danego konta internetowego korzystasz i nie chcesz go usuwać. Jednak w wielu programach pocztowych anulowanie subskrypcji jest możliwe. Przeszukaj ustawienia swojej skrzynki mailowej i postaraj się odnaleźć tę opcję. Dzięki temu ilość spamu, który na co dzień otrzymujesz, zmniejszy się w sposób zauważalny. Pamiętaj również, aby nie wykorzystywać służbowej skrzynki pocztowej do zakładania kont na różnego typu serwisach internetowych. Otrzymywanie wiadomości handlowych w pracy może cię rozpraszać.

- Załóż **osobne konto mailowe**, by odbierać wiadomości z tych serwisów, których subskrypcji nie możesz lub nie chcesz anulować. Ta skrzynka mailowa ma służyć wyłącznie do tego celu. Nie będziesz więc musiał regularnie jej sprawdzać ani kontrolować zawartości. Od tej pory, gdy zechcesz założyć konto w nowym serwisie internetowym, możesz używać alternatywnego adresu mailowego i nie przejmować się przychodzącym spamem.

2. **Zapanuj nad skrzynką odbiorczą.**
   Kiedy już uporasz się z niechcianymi wiadomościami, uporządkuj pozostałą zawartość swojej poczty. Będzie to dużo prostsze, jeśli otwierając każdorazowo służbowy lub prywatny program pocztowy, przeczytasz wszystkie nowe maile i każdy zakwalifikujesz do jednej z poniższych grup:
   - Wiadomości, na które jesteś w stanie odpisać w ciągu dwóch minut lub szybciej – zrób to od razu. Nie powinno ci to zająć więcej niż kilkanaście minut, a liczba rzeczy, które masz do zrobienia, znacząco się zmniejszy.
   - Wiadomości, które wymagają od ciebie głębszego zastanowienia i/lub dłuższej odpowiedzi, a nie możesz w danej chwili się nimi zająć, oznacz jako „nieprzeczytane" i wróć do nich następnym razem.
   - Wiadomości, które nie wymagają odpowiedzi, ale zawierają różnego rodzaju informacje (w tym zakończoną korespondencję) – tylko od ciebie zależy, co z nimi zrobisz. Możesz je zatrzymać lub usunąć, jeśli uznasz, że nie będą ci już potrzebne.

3. **Korzystaj z etykiet.**
   Niezwykle użytecznym narzędziem, służącym do kontrolowania skrzynki mailowej, są etykiety lub foldery. Ta opcja

pozwala przyporządkować wiadomości przychodzące do odpowiedniej, wcześniej ustalonej kategorii, i umożliwia szybkie wyszukanie interesujących informacji - wystarczy otworzyć odpowiedni folder, by znaleźć wszystkie maile związane z danym tematem. Oto przykłady etykiet, jakie możesz utworzyć w prywatnej skrzynce pocztowej:

- Ważne - przeznaczona jest dla wszystkich wiadomości, które zawierają istotne informacje lub załączniki, np. maile z fakturami, potwierdzenia przelewów bankowych lub korespondencja związana z zakupami online.
- Hobby (np. tenis) - to maile dotyczące twoich zainteresowań (rezerwacja kortów, ustalanie terminu spotkania z innymi graczami, organizacja zawodów itp.).
- Towarzyskie/rodzinne - znajdą się tutaj wiadomości, które wymieniasz ze znajomymi lub rodziną.
- Inne - liczba etykiet, jakie utworzysz, powinna być uzależniona od liczby podejmowanych przez ciebie na co dzień działań (dzięki temu poszczególne wątki nie będą się ze sobą mieszać i zapanujesz nad korespondencją).

Utrzymanie porządku jest szczególnie wskazane w przypadku służbowej skrzynki mailowej. Tutaj etykiety mogą znacząco ci pomóc. Stwórz osobną kategorię dla każdego nowego projektu, który realizujesz. W ten sposób bez trudu odnajdziesz potrzebną korespondencję i będziesz mógł sprawnie wykonywać swoją codzienną pracę.

Jeśli jednocześnie zajmujesz się kilkoma dużymi projektami i codziennie odbierasz wiele wiadomości z nimi związanych, rozważ utworzenie dodatkowych podfolderów, które jeszcze lepiej uporządkują twoją skrzynkę pocztową i usystematyzują pracę.

4. **Odpisuj na wiadomości w ramach jednego wątku.**
   Pamiętaj, aby korespondencję dotyczącą tego samego tematu prowadzić w ramach jednego wątku. Polega to na tym, że zamiast za każdym razem klikać przycisk „utwórz nową wiadomość", najeżdżasz kursorem myszki na napis „odpowiedz" i wysyłasz kolejnego maila do tej samej osoby w ramach jednej rozmowy. Natomiast jeśli chcesz napisać do niej w innej sprawie, utwórz nowy wątek. Poszczególne zagadnienia nie będą się ze sobą mieszać, a w twojej skrzynce zapanuje porządek.

   Wątki definitywnie zakończone usuń. Zwróć uwagę na opcję przechowywania wiadomości w koszu – w ustawieniach możesz ustalić dokładny czas, przez jaki będziesz mógł do nich wrócić (np. w ciągu dwóch lub trzech miesięcy). Zabezpieczy cię to przed usunięciem ważnych wiadomości.

5. **Ustaw podpis.**
   Jest to szczególnie przydatne, gdy codziennie wysyłasz dużo maili służbowych. Podpisywanie każdego z nich zajmuje dużo czasu, zwłaszcza jeśli oprócz imienia i nazwiska musisz zamieścić tam inne dane: swoje stanowisko, nazwę firmy, dane kontaktowe. Niekiedy może się zdarzyć, że wysyłając jakąś wiadomość, w pośpiechu zapomnisz się podpisać i uświadomisz to sobie dopiero po naciśnięciu przycisku „wyślij". Będziesz musiał napisać jeszcze jeden mail, co sprawi, że korespondencja z daną osobą przestanie być czytelna i utrudni ci później znalezienie przydatnych informacji. Możesz tego uniknąć, ustawiając stały podpis, który będzie automatycznie dodawany pod koniec każdej wysyłanej przez ciebie wiadomości.

Wskazówka

Do skrzynki mailowej zaglądaj o ściśle określonej porze (np. codziennie wieczorem o godzinie 20:00) lub tylko w pracy, jeśli korzystasz jedynie ze służbowego adresu pocztowego. Nie rób tego zbyt często, a już na pewno nie co godzinę lub kilkanaście minut – będziesz jedynie rozpraszał uwagę i twoja wydajność spadnie. Lepiej sprawdzać skrzynkę raz lub dwa razy dziennie i w tym czasie skupić się na załatwieniu spraw przedstawionych w mailach. Korzystanie z niej powinno trwać tyle, abyś mógł szybko przejść do ważniejszych zadań. Bałagan w skrzynce mailowej może ci to utrudnić. Powyższe wskazówki pozwolą ci skrócić czas, jaki spędzasz na czytaniu nowych wiadomości, odpisywaniu lub znajdywaniu potrzebnych informacji. Choćby z tego powodu warto uporządkować ten fragment wirtualnej przestrzeni i zacząć korzystać z niej na nowych zasadach.

Przydatne aplikacje do zarządzania czasem

Dla osób, które nie lubią tradycyjnych narzędzi pomagających w organizacji czasu, ciekawą propozycją są wspomniane już aplikacje, które można zainstalować na smartfonie czy tablecie. Większość z nich jest prosta w użyciu, więc niemal każdy może je obsługiwać, i – co równie ważne – są do pobrania za darmo. Jedynym problemem może się okazać wybór odpowiedniej aplikacji. Jest ich bowiem tak dużo, że stanowi to spore wyzwanie.

Poniżej znajdziesz krótki przegląd najpopularniejszych aplikacji, które pomagają organizować czas. Zawiera on opis każdej z nich (uwzględniający opcje dostępne w bezpłatnej wersji, informacje o wyglądzie oraz łatwości w obsłudze). Przy każdej została umieszczona średnia ocen wystawionych przez użytkowników w internetowym sklepie Google Play (stan na maj 2017 r.). Przedstawione programy możesz zainstalować na smartfonie wykorzystującym system Android. Większość dostępna jest w wersji polskiej. Każda z aplikacji została opisana według jednego schematu i w przypadkowej kolejności.

1. Evernote

Ocena użytkowników: 4,6/5
Twórca: Evernote Corporation
Wersja komputerowa: dostępna

Opcje:
W Evernote korzystasz z własnego konta, dzięki czemu po zalogowaniu masz dostęp do swoich danych z dowolnego urządzenia mobilnego. Jego podstawową funkcją jest możliwość tworzenia notatek – w formie głosowej (opcja dyktafonu), wypunktowanej listy lub przypomnienia, które możesz ustawić na wybrany dzień i godzinę. Evernote pozwala też robić zdjęcia (również w opcji skanera dokumentów) oraz załączać różnego rodzaju dokumenty bezpośrednio do aplikacji. Dostęp do tak wielu opcji sprawia, że wszystkie pliki, których potrzebujesz do zarządzania czasem, możesz przechowywać w jednym miejscu i mieć je pod ręką. Program ma także funkcję wyszukiwania, dzięki której w dowolnym momencie i bez trudu znajdziesz interesującą cię notatkę.

Kolejną przydatną funkcją aplikacji jest czat, za pośrednictwem którego możesz się dzielić notatkami i dokumentami np. ze współpracownikami. Dzięki temu przedyskutujecie plany i wymienicie się opiniami.

W aplikacji dostępna jest także opcja wycinania artykułów i obrazów z przeglądarki internetowej przy użyciu Nożyczek Sieciowych. Ta funkcja może zainteresować osoby, które lubią gromadzić w jednym miejscu inspiracje i pomysły do wykorzystania później.

Minusem aplikacji jest brak kalendarza. Możesz zapisać notatki i ustawić przypomnienia dla każdej z nich, ale już nie obejrzysz ich w rozkładzie tygodniowym lub miesięcznym. To poważny mankament dla osób, które planują swoje działania z kilkutygodniowym wyprzedzeniem.

Wygląd:
Po uruchomieniu aplikacji użytkownika wita logo Evernote – ciemnoszary słoń na zielonym tle. Program jest schludny i przejrzysty. Kolorystykę utrzymano w przyjemnym odcieniu zieleni, która działa uspokajająco. Notatki oraz inne pliki zapisują się na głównym ekranie na białym tle, więc są pierwszym obrazem, który użytkownik widzi po uruchomieniu aplikacji. Oszczędność grafiki nie rozprasza uwagi i pozwala się skoncentrować na tworzonych notatkach.

Łatwość w obsłudze:
Evernote jest aplikacją stosunkowo łatwą w obsłudze. Wszystkie dostępne opcje wyświetlają się po naciśnięciu jednego przycisku na ekranie głównym. Sprawia to, że przypomnienie, notatkę lub zdjęcie możesz zrobić bez trudu w kilka minut. Wszystkie opcje poznasz w ciągu jednego dnia korzystania z aplikacji.

2. Nozbe: zadania i projekty

Ocena użytkowników: 4/5
Twórca: Nozbe.com
Wersja komputerowa: dostępna

Opcje:
Nozbe to aplikacja, która z pewnością znajdzie zwolenników wśród fanów metody *Getting Things Done* Davida Allena. Z krótkiego przewodnika, który otwiera się po uruchomieniu aplikacji, dowiesz się, że została zainspirowana właśnie tym systemem porządkowania. Jest więc tutaj skrzynka spraw, w której możesz gromadzić wszystkie notatki. Znajdziesz tu również specjalne miejsce do przechowywania zadań oznaczonych jako priorytet, a także osobną przestrzeń do tworzenia i opisywania bardziej złożonych projektów. Jest też kalendarz, który ułatwi ci planowanie w czasie.

Nozbe ma jednak minus: w wersji podstawowej możesz utworzyć jedynie pięć aktywnych projektów. Jeśli okaże się, że potrzebujesz zapisać ich więcej, będziesz mógł to zrobić dopiero po wykupieniu wersji rozszerzonej.

Inne funkcje aplikacji Nozbe, które zasługują na uwagę, to:
- wyszukiwarka;
- kategorie porządkujące zadania;
- oznaczanie projektów wybraną etykietą i kolorem;
- szablony, które ułatwią tworzenie nowych projektów.

W Nozbe, podobnie jak w przypadku Evernote, korzystasz z własnego konta, do którego możesz zalogować się z dowolnego urządzenia.

Wygląd:
Wygląd aplikacji pozostawia wiele do życzenia. Grafika jest bardzo prosta, a w programie nie ma nic przyciągającego uwagę na tyle, by chciało się częściej do niego zaglądać. W przypadku tak złożonego systemu zarządzania czasem pewne urozmaicenia (np. kolorowe przyciski lub wyróżnione napisy) byłyby wskazane.

Łatwość w obsłudze:
Aplikacja nie należy do najprostszych w obsłudze. Teoretycznie wszystkie opcje są dostępne po rozwinięciu menu (należy kliknąć na przycisk w lewym górnym rogu ekranu głównego). Jednak w praktyce przechodzenie pomiędzy poszczególnymi funkcjami, zapisywanie notatek i projektów lub cofanie się do poprzedniego ekranu jest uciążliwe. Choć ustawianie przypomnień na konkretne dni i godziny, a nawet ich cyklicznej powtarzalności, jest możliwe, to odnalezienie tych opcji zajmuje trochę czasu i nie można tego zrobić w momencie tworzenia zadania. Podczas pierwszych dni korzystania z aplikacji użytkownik może poczuć się nieco zagubiony, a dogłębne jej poznanie i zrozumienie potrwa trochę dłużej. Warto podkreślić, że Nozbe jest programem stworzonym do korzystania z metody GTD – stąd mnogość dostępnych opcji i poziom skomplikowania. Jeśli jednak ten system planowania nie przypadł ci do gustu, Nozbe również może ci się nie spodobać.

3. Todoist: lista zadań

Ocena użytkowników: 4,4/5
Twórca: Doist
Wersja komputerowa: dostępna

Opcje:
Todoist to aplikacja bardzo podobna do wcześniej opisywanego programu Nozbe i podobnie jak on najlepiej sprawdzi się przy korzystaniu z metody *Getting Things Done*. Po kliknięciu na przycisk w lewym górnym rogu ekranu rozwija się menu, w którym znajdziesz: skrzynkę odbiorczą, zadania zaplanowane na „dzisiaj", na „następne 7 dni", a także projekty i filtry (np. twoje priorytety). Jednak wiele z opcji reklamowanych przez twórców aplikacji nie jest dostępnych w bezpłatnej wersji. W przypadku niektórych może okazać się to niewygodne. Chodzi o brak możliwości ustawienia powiadomień oraz zablokowane korzystanie z etykiet. W bezpłatnej wersji nie ma również opcji zamieszczania w aplikacji plików, wpisywania zadań do kalendarza czy też tworzenia notatek głosowych. To wszystko sprawia, że choć program sam w sobie wydaje się rozbudowany i pomocny w wielu aspektach życia, w praktyce jest to możliwe dopiero po wykupieniu wersji premium.

Co ważne, aplikacja pozwala na automatyczną synchronizację danych pomiędzy wszystkimi urządzeniami (za pośrednictwem konta użytkownika), a także na współdzielenie projektów z innymi osobami.

Wygląd:
Po uruchomieniu aplikacji otwiera się krótki przewodnik i widać, że grafika została utrzymana w wyrazistym, przyciągającym uwagę odcieniu czerwieni. To ciekawa odmiana w stosunku do większości innych, raczej monotonnych pod względem kolorystycznym programów. Twórcy postawili na kolory (poszczególne kategorie projektów oznaczono inną barwą), co sugestywnie przemawia do wyobraźni odbiorcy. Poza tym grafi-

ka aplikacji jest raczej prosta i nie odbiega znacząco od innych tego typu programów. Na uwagę zasługuje fakt, że użytkownicy mają możliwość wybrania takiego motywu kolorystycznego, jaki najbardziej im odpowiada (w wersji bezpłatnej są cztery opcje, w wersji premium znacznie więcej).

Łatwość w obsłudze:
Trzeba przyznać, że Todoist pod względem łatwości w obsłudze przewyższa wiele innych aplikacji służących do zarządzania czasem. Przechodzenie pomiędzy funkcjami jest płynne, a wpisywanie kolejnych informacji (jak rodzaj zadania lub projektu, cykliczność, data) bardzo intuicyjne. Podczas wprowadzania danych ukazują się podpowiedzi, w jaki sposób wpisać zadanie, by zostało zaplanowane dokładnie tak, jak chcesz.

4. **Any.do: lista zadań**

Ocena użytkowników: 4,5/5
Twórca: Any.do
Wersja komputerowa: dostępna

Opcje:
Any.do to aplikacja do tworzenia list zadań. Jednak nie są to zwykłe odpowiedniki notatek w formie papierowej. W aplikacji dostępnych jest kilka kategorii z listami zadań do wykonania (m.in „praca", „osobiste" oraz „lista zakupów"). Jako użytkownik możesz dodać nowe grupy w zależności od tego, czego potrzebujesz. Potem jedynie zapisujesz sprawy do załatwienia na poszczególnych listach i dostosowujesz je do swoich potrzeb.

Choć w programie nie ma funkcji tworzenia projektów, istnieje możliwość wpisywania podzadań do poszczególnych planów. Oprócz tego przy każdym z zadań możesz ustawić przypomnienie, określić jego powtarzalność, a także dodać załącznik (w formie obrazu, filmu, notatki głosowej lub dokumentu) i osobę, z którą chcesz je współdzielić. Możesz również wybrać, co będzie się wyświetlać na ekranie głównym aplikacji po jej uruchomieniu, np. jedną z list rzeczy do zrobienia, wszystkie zadania uszeregowane według daty realizacji bądź plany z uwzględnieniem ich priorytetowości. Warto wspomnieć, że choć program Any.do sam w sobie nie posiada funkcji kalendarza, to można połączyć go z aplikacją kalendarza Google.

Na szczególną uwagę zasługują dostępne w Any.do przypomnienia, które naprawdę trudno przeoczyć. Wyświetlają się one bowiem w formie dużego napisu na ekranie telefonu, który informuje cię o zaplanowanym zadaniu. Pod spodem możesz wybrać jedną z trzech opcji: „odrzuć", „drzemka" lub „wykonano". Ten sposób przypominania minimalizuje ryzyko omyłkowego usunięcia zadania lub przeoczenia go.

Instalując aplikację, zakładasz własne konto, dzięki któremu możesz zsynchronizować ją z kilkoma różnymi urządzeniami oraz zalogować się na stronę internetową i korzystać z niej na swoim komputerze.

Wygląd:

Any.do to aplikacja elegancka i nowoczesna zarazem. Po jej uruchomieniu użytkownika wita jasnoniebieski znak, który zwykle jest stawiany obok wykonanego zadania na liście rzeczy do zrobienia (tzw. znak wyboru lub po prostu „ptaszek"). Liczba zadań i opcji wyświetlających się na ekranie telefonu jest niewielka – dopiero po naciśnięciu na poszczególne z nich rozwija się więcej możliwości. Ten minimalizm sprawia, że chętnie odkrywamy kolejne funkcje aplikacji i jeszcze chętniej do niej wracamy, by planować następne sprawy.

Łatwość w obsłudze:
Tuż po pierwszym uruchomieniu otwiera się krótka instrukcja obsługi. Na ekranie pojawiają się kolejne polecenia, które pokazują ci krok po kroku, w jaki sposób możesz wprowadzić do aplikacji pierwsze zadanie. Jednocześnie program informuje cię o dostępnych opcjach oraz o tym, co należy nacisnąć lub zrobić, by do nich dotrzeć. Ten zabieg sprawia, że korzystanie z aplikacji od samego początku wydaje się bardzo proste i przyjemne.

Po naciśnięciu wprowadzonego zadania rozwijają się następujące opcje: dodawanie podzadań i załączników, przeniesienie do innej listy spraw, ustawianie przypomnienia oraz udostępnianie innym osobom. Any.do to program dostępny w polskiej wersji językowej.

5. Mindly (mind mapping)

Ocena użytkowników: 4,6/5
Twórca: dripgrind
Wersja komputerowa: dostępna

Opcje:
Mindly to aplikacja umożliwiająca planowanie dnia przy użyciu map myśli. Być może przekona do siebie osoby, które wcześniej uważały ten sposób zarządzania czasem za zajęcie żmudne i czasochłonne. Dzięki tej aplikacji nie potrzebujesz

kartek A4, kredek i długopisów – wystarczy chwila namysłu, kilka kliknięć i twój rysunek jest gotowy.

Według twórców programu pozwala on zorganizować wewnętrzny wszechświat każdego z nas. W Mindly myśli przyrównane są do ciał niebieskich, które poruszają się na orbitach. Wszechświat nieustannie się rozszerza i tak samo jest z twoim wewnętrznym światem, który dzięki aplikacji możesz powiększać o kolejne plany i pomysły.

Do czego można wykorzystać aplikację Mindly? Jej zastosowanie, podobnie jak map myśli, jest wielorakie. Możesz jej użyć m.in. do planowania dnia, opracowywania nowego projektu lub do nauki. W każdym z tych przypadków program sprawdzi się tak samo dobrze, a dzięki możliwości dodawania do map notatek, obrazów i linków sprawisz, że twój plan będzie kompletny i szczegółowy. Jednak w aplikacji brakuje przydatnej opcji zamieszczania dokumentów tekstowych wewnątrz poszczególnych projektów.

Mankamentem programu jest to, że złożone projekty nie są dobrze widoczne na małym ekranie telefonu komórkowego. Na szczęście twórcy aplikacji nie zapomnieli o możliwości synchronizacji map myśli z innymi urządzeniami. Z Mindly możesz korzystać m.in. na swoim komputerze, co jest dobrym rozwiązaniem dla osób, które potrzebują bardziej rozbudowanych planów. Mapy myśli mogą także zostać bezpłatnie zapisane jako dokument PDF, wydrukowane lub skopiowane do zewnętrznej chmury firmy Dropbox. Dzięki temu zyskasz pewność, że nie stracisz danych.

Liczba projektów i elementów, które możesz dodać bezpłatnie, jest jednak ograniczona. Gdy będziesz potrzebował ich więcej, musisz wykupić pełną wersję.

Wygląd:
Mindly należy do aplikacji minimalistycznych. Ma to swoje zalety, ponieważ plany przedstawione w postaci rysunku same w sobie bywają rozbudowane, a dodatkowe elementy graficzne niepotrzebnie rozpraszałyby użytkownika. Mapy przedstawiane są za pomocą kółek, których kolor możesz wybrać (z palety barw klasycznych lub jaskrawych). Kolejne czynności, nazwane w programie „podelementami", znajdują się na orbitach narysowanych wokół myśli głównych. Ciekawym pomysłem są ikony, które możesz dodać do każdego z wprowadzonych elementów. Masz do wyboru wiele małych obrazków (przedstawiających m.in. gesty, uczucia, symbole związane z czasem, pieniędzmi lub pogodą), dzięki którym twój rysunek bardziej przemówi do wyobraźni.

Łatwość w obsłudze:
Opcji dostępnych w aplikacji nie jest zbyt dużo, co czyni ją prostą w obsłudze i przyjazną. Po uruchomieniu na ekranie głównym pojawia się przykładowa mapa myśli, która jest jednocześnie instrukcją obsługi programu. Śledząc znajdujące się w niej elementy i podelementy, możesz się zorientować, jak posługiwać się aplikacją. Kiedy już zapoznasz się z instrukcją, naciśnij na duży plus znajdujący się u góry ekranu – w ten sposób dodasz swoją pierwszą mapę myśli. Dwukrotne dotknięcie poszczególnych elementów pozwala je edytować. Wewnątrz otwiera się opcja wpisywania tekstu, tworzenia notatek, a także wyboru koloru i ikony. Jeśli dłużej przytrzymasz palec na

którymś z elementów, możesz przenieść go do kosza, skopiować lub przesunąć w inne miejsce.

6. **Forest: Stay focused**

Ocena użytkowników: 4,3/5
Twórca: forestapp.cc
Wersja komputerowa: niedostępna

Opcje:
Forest to aplikacja różniąca się od opisywanych wcześniej programów. Nie służy bowiem do gromadzenia notatek, opracowywania projektów lub tworzenia przypomnień. Jej podstawowym celem jest pomóc ci skoncentrować się na pracy i zwalczyć w sobie chęć sięgnięcia po telefon komórkowy. Stanowi to więc pewne rozwinięcie i uzupełnienie techniki Pomodoro, która została dokładnie opisana w rozdziale 4.

Podstawową opcją aplikacji jest możliwość zasadzenia wirtualnego drzewa i ustalenia czasu, przez jaki chcesz pozostać skoncentrowanym na swojej pracy (minimalnie 10 minut, maksymalnie dwie godziny). Po zatwierdzeniu wyboru nie możesz już więcej korzystać z telefonu komórkowego. Przez ten czas drzewo rośnie, a tobie nie wolno sprawdzać wiadomości SMS, odwiedzać stron internetowych lub opuszczać aplikacji w jakimkolwiek innym celu. Gdybyś jednak uległ pokusie i to zrobił, zasadzona przez ciebie roślina uschnie. Natomiast jeśli ci się uda, w ramach nagrody otrzymasz wirtualne monety, za które będziesz mógł po jakimś czasie dokupić nowe gatunki drzew i powiększyć las.

Inną opcją aplikacji jest możliwość obejrzenia drzew, które zasadziłeś w poszczególne dni, oraz odpowiedniego oznaczenia ich w zależności od tego, na jakiej czynności pomogły ci się skoncentrować (dostępne tagi to m.in.: praca, nauka, odpoczynek, sport).

Twórca programu wskazuje, że jest on pomocny także w walce z uzależnieniem od telefonu komórkowego, a wirtualne drzewa możesz sadzić nie tylko w trakcie pracy, lecz także podczas spotkań towarzyskich i w czasie wolnym.

Poważny minus aplikacji: drzewo usycha w sytuacji zupełnie od ciebie niezależnej, np. gdy ktoś dzwoni, nawet jeśli nie odbierzesz telefonu. Natomiast w niektórych przypadkach, kiedy Forest przechodzi do działania w tle (np. w momencie otrzymania powiadomienia z innej aplikacji), możesz opuścić program bez wpływu na stan twojej rośliny. Te elementy wymagają dopracowania. Warto również dodać, że możliwość synchronizacji aplikacji z innymi urządzeniami mobilnymi pojawia się dopiero po wykupieniu wersji premium.

Wygląd:
Grafika aplikacji powinna spełnić oczekiwania nawet najbardziej wybrednych użytkowników. Jest prosta i elegancka. Na ekranie głównym można wybrać jedno spośród wielu ciekawych gatunków drzew, które chcesz zasadzić (oczywiście jeśli udało ci się już uzbierać odpowiednią liczbę monet). Pozostałe opcje są ukryte głębiej, pod przyciskiem znajdującym się w lewym górnym rogu. Wszystko zostało skonstruowane w taki sposób, by niepotrzebnie nie rozpraszać twojej uwagi. Wadą są reklamy pojawiające się co jakiś czas u dołu ekranu, których można się pozbyć dopiero po wykupieniu płatnej wersji.

Łatwość w obsłudze:
Forest to aplikacja bardzo łatwa w obsłudze i intuicyjna. Wynika to głównie z faktu, że korzystanie z niej ogranicza się tak naprawdę tylko do wybierania i sadzenia drzew oraz nastawiania czasu. Oszczędna forma sprawia, że aplikacja spełnia swoją podstawową rolę – ułatwia skoncentrowanie się na realizowanym zadaniu. Jednak jest dostępna jedynie w języku angielskim, co może ograniczyć liczbę jej potencjalnych użytkowników.

7. **Habitica: Gamify Your Tasks**

Ocena użytkowników: 4,3/5
Twórca: HabitRPG, Inc.
Wersja komputerowa: dostępna

Opcje:
Habitica to ciekawe rozwiązanie dla osób potrzebujących nieco silniejszych bodźców, by zacząć wprowadzać zmiany w swoim życiu. Spodoba się zapewne tym, którzy lubią gry komputerowe w starym stylu, bo ta aplikacja właśnie do takich należy. Twórcy programu podeszli do zarządzania czasem w sposób niekonwencjonalny. Dzięki aplikacji możesz zmienić codzienne życie w rozgrywkę, w której zdobywasz punkty za wykonanie zaplanowanego zadania lub tracisz je, jeśli poniesiesz porażkę. Wykorzystasz ją również do wyrabiania nawyków pozytywnych i pozbywania się negatywnych (związanych np. z odżywianiem bądź z aktywnością fizyczną).

Po uruchomieniu aplikacji stwarzasz własną postać i przechodzisz bezpośrednio do gry. U góry ekranu głównego pokazuje się panel postaci, który pozwala śledzić twoje postępy.

Na początku gry wyświetla się tam czerwony pasek ze „zdrowiem", które odnawia się po osiągnięciu kolejnego poziomu, żółty z „doświadczeniem", które zdobywasz za wykonane zadania, a także rysunek monety z ilością pieniędzy otrzymywanych w ramach nagrody. Pod panelem znajdują się trzy główne listy zadań: „nawyki", „codzienne" oraz „do zrobienia". Pierwszą z nich możesz wykorzystać do pracy nad przyzwyczajeniami, a drugą do realizowania codziennych zadań. Dodając do niej nowe czynności, możesz określić poziom ich trudności (im wyższy, tym większą nagrodę otrzymasz za wykonanie), wyznaczyć, w które dni tygodnia chcesz je zrobić, a także dodać przypomnienia. Podobnie jest w przypadku listy rzeczy do zrobienia – tutaj możesz też wpisać konkretną datę, która wyznaczy ostateczny termin realizacji twojego planu.

Wprowadzony do gry system nagród i kar jest ciekawym zabiegiem motywującym. Za zgromadzone pieniądze kupisz nowe akcesoria dla swojej postaci, natomiast w przypadku niepowodzenia tracisz punkty „zdrowia", co może nawet cofnąć cię na niższy poziom.

Inną opcją, o której warto wspomnieć, jest „gospoda", do której masz dostęp z menu głównego aplikacji. Powinieneś się do niej udać za każdym razem, gdy chcesz na jakiś czas uśpić swoją postać i nie otrzymywać kar za niewykonane zadania (np. w czasie urlopu lub choroby).

Habitica jest narzędziem przydatnym do pracy nad przyzwyczajeniami i pomocnym w realizowaniu codziennych obowiązków. Jednak nie pozwala zaplanować bardziej złożonych projektów bądź dodawać różnego rodzaju załączników. Minusem aplikacji jest też to, że zawiera wiele elementów typowej gry, może więc stać się dystraktorem. Oczywiście jeśli postanowisz wykorzystać ją tylko do nauki zarządzania czasem, nie ma obawy, że się rozproszysz i przestaniesz realizować codzienne plany. Jeżeli jednak jesteś fanem gier komputerowych, istnieje ryzyko, że dasz się złapać w pułapkę. Możliwość rywalizacji z innymi graczami, zmieniania wyglądu postaci i kupowania nowych przedmiotów może okazać się wciągająca. W efekcie zaczniesz zaglądać do programu znacznie częściej, niż jest to konieczne, i trudniej będzie ci skupić się na efektywnej organizacji czasu.

Wygląd:
Grafika aplikacji jest utrzymana w stylu starej gry platformowej i w niczym nie przypomina tradycyjnych programów stworzonych do organizacji czasu. Trudno więc oceniać ją pod kątem nowoczesności bądź walorów artystycznych. Wszystko w aplikacji doskonale do siebie pasuje i tworzy ciekawy klimat gry, do której chętnie się wraca. Kolory wykorzystane w programie przemawiają do wyobraźni – zadania zmieniają zabarwienie w zależności od tego, z jaką częstotliwością je realizujesz. Te, które wykonujesz często, po jakimś czasie stają się zielone, a te zaniedbywane przechodzą w coraz intensywniejsze odcienie czerwieni.

Łatwość w obsłudze:
Aplikacja wydaje się dość skomplikowana i trudna w obsłudze. Z pewnością będziesz potrzebować kilku dni, by dogłębnie poznać wszystkie jej funkcje i nauczyć się z nich korzystać. Jeśli jednak lubisz gry komputerowe, oswoisz się z nią bez problemu. Wadą jest też to, że aplikacja na telefon komórkowy została przetłumaczona na język polski częściowo i niektóre ustawienia są po angielsku.

To zaledwie część aplikacji, z jakich możesz skorzystać przy organizowaniu czasu. Jeśli okaże się, że żadna z nich nie jest do końca w stanie sprostać twoim oczekiwaniom, nie wahaj się, by zainstalować kilka programów i korzystać z nich jednocześnie. Czasem dopiero połączenie dwóch lub trzech aplikacji okazuje się efektywne. Możesz również rozszerzyć swoje poszukiwania – w internetowym sklepie bez trudu znajdziesz programy, które pomogą ci zorganizować codzienne życie. Oto kilka przykładów popularnych aplikacji, które nie zostały tu opisane:

- Trello,
- Remember The Milk,
- TickTick - Todo & Task List,
- Wunderlist: To-Do List & Tasks,
- Simplenote,
- Google Keep – notatki i listy,
- ZenDay: Calendar, Tasks, To-do,
- Asana: organize team projects,
- RescueTime Time Management.

Wskazówka

Warto wspomnieć o ograniczeniach nowoczesnych narzędzi ułatwiających zarządzanie czasem. Nie zapominaj, że bateria w telefonie komórkowym lub laptopie w każdej chwili może się wyczerpać. Jeśli więc plan twojego dnia opiera się wyłącznie na wirtualnych zapiskach, pamiętaj o naładowaniu urządzenia przed wyjściem z domu i zabraniu ze sobą ładowarki. Pomyśl też o powerbanku (bank energii), który pełni funkcję zewnętrznej baterii. Dzięki niemu możesz naładować małe akcesoria mobilne (np. smartfon lub tablet) gdziekolwiek jesteś, bez dostępu do prądu. Warto również pamiętać, że żadne urządzenie elektroniczne nie działa wiecznie i w pewnym momencie może się zepsuć. Wówczas sprawdzą się tylko te aplikacje i programy, które umożliwiają synchronizację na innych urządzeniach mobilnych, czyli takie, w których posiadasz własne konto. W przeciwnym razie możesz całkowicie stracić dostęp do swoich notatek, list zadań i projektów.

Podsumowanie

1. Nowoczesne narzędzia służące do zarządzania czasem mogą zastąpić lub uzupełnić tradycyjne metody planowania.
2. Pracując na komputerze, staraj się zminimalizować liczbę czynników rozpraszających, np. programów, których w danym momencie nie używasz, gier, muzyki bądź wszelkiego rodzaju bodźców zewnętrznych (m.in. telewizora lub rozmów osób znajdujących się w twoim otoczeniu).
3. Większość spotkań służbowych w dużych grupach to strata czasu. Postaraj się, o ile to możliwe, zastąpić je wiadomościami mailowymi lub rozmowami telefonicznymi (np. w postaci telekonferencji).
4. Jeśli planujesz zorganizować spotkanie służbowe, odpowiednio się do niego przygotuj. Dokładnie określ poruszane zagadnienia i opracuj plan, który zatwierdzicie wspólnie z innymi uczestnikami. Ustal również datę i godzinę spotkania oraz długość jego trwania.
5. Utrzymanie porządku w wirtualnej przestrzeni pozwoli ci skupić się na wykonywanej pracy. Porządkując komputer, zadbaj o jednolity system nazewnictwa i ogranicz liczbę widocznych na pulpicie plików. Na koniec stwórz krótki spis dokumentów służbowych, z których korzystasz, i nie zapomnij o zrobieniu kopii zapasowej.
6. Możesz cieszyć się uporządkowaną przestrzenią wirtualną tylko wtedy, gdy będziesz ją regularnie sprzątał. Przenoś pobrane pliki do odpowiednich folderów i często opróżniaj kosz.
7. Uporządkowana skrzynka mailowa oznacza kontrolę nad przychodzącymi wiadomościami i oszczędność czasu. Możesz to osiągnąć, grupując maile na takie, którymi zajmujesz się od razu, i takie, z którymi uporasz się później, a także korzysta-

jąc z etykiet. Pomocne będzie również odpisywanie na wiadomości w ramach jednego wątku i ustawienie automatycznego podpisu. Aby pozbyć się spamu, anuluj subskrypcję z nieużywanych stron internetowych lub załóż osobne konto mailowe na tego typu wiadomości.

8. Aplikacje do zarządzania czasem to narzędzia, dzięki którym swoje plany możesz mieć blisko siebie, niezależnie od tego, gdzie w danym momencie jesteś – wystarczy, że zabierzesz telefon komórkowy i naładujesz go przed wyjściem z domu.

Zakończenie

To koniec poradnika i zarazem początek twojej przygody z zarządzaniem czasem. Nadeszła pora, abyś zawarte w książce informacje i wskazówki wprowadził do codziennego życia. Przeczytałeś w niej o prawach dotyczących organizowania czasu (np. prawo Parkinsona), metodach (m.in. GTD, OATS, Pomodoro, S.M.A.R.T., mapy myśli, macierz Eisenhowera) oraz narzędziach (m.in. kalendarz, notatnik, komputer, skrzynka mailowa bądź aplikacje na telefon komórkowy). Znalazłeś tu również informacje, jak umiejętnie wyznaczać cele, ustalać priorytety, odmawiać, radzić sobie z dystraktorami czy też jak odnaleźć równowagę między życiem zawodowym i osobistym. Niezależnie od tego, z którym aspektem zarządzania czasem miałeś do tej pory największy problem, postaraj się wykorzystać zaproponowane wskazówki w codziennym życiu.

Tylko od ciebie zależy, co z tą wiedzą zrobisz. Pamiętaj, że podstawą w zarządzaniu czasem jest regularność. Jeśli będziesz codziennie przestrzegał zasad przedstawionych w poradniku, zanim się obejrzysz, zaczniesz korzystać z nich niemal automatycznie. Organizowanie czasu stanie się dla ciebie proste i będziesz w stanie zaplanować oraz zrealizować na satysfakcjonującym poziomie wiele zadań. Nie przejmuj się, jeśli na początku nie każda twoja próba zakończy się sukcesem. Ważne, byś nie przestawał się starać. Efekty będą warte trudu, nawet jeśli przyjdzie ci na nie długo czekać.

Życzę ci powodzenia i mam nadzieję, że powrócisz do tego poradnika, ilekroć poczujesz, że czas wymyka ci się spod kontroli.

Bibliografia

1. Ogólne zasady i techniki

- Asratovich Asratyan E., *I. P. Pavlov: His Life and Work*, Foreign Languages Pub. House, Moskwa 1953.
- Doran George T., *There's a S.M.A.R.T. Way to Write Management's Goals and Objectives*, „Management Review" nr 70(11)/1981, s. 35–36.
- Frey Bruno S., Osterloh Margit, *Successful Management by Motivation: Balancing Intrinsic and Extrinsic Incentives*, Springer Science & Business Media, Nowy Jork 2002.
- Juran Joseph M., Godfrey A. Blanton, *Juran's Quality Handbook*, McGraw-Hill, Nowy Jork 1998.
- Koch Richard, *Sposób na życie 80/20*, tłum. Tomasz Piwowarczyk, Dom Wydawniczy Rebis, Poznań 2005.
- Lawlor K. Blaine, Hornyak Martin J., *Smart Goals: How the Application of Smart Goals Can Contribute to Achievement of Student Learning Outcomes*, „Developments in Business Simulation and Experiential Learning", nr 39/2012, s. 259–267.
- Offir Amit, Nir Eyal, *24/8 BuDo-Way – droga do MEGAefektywności. Jak zwiększyć swój potencjał i zyskać ósmy dzień tygodnia*, tłum. Maciej Witalewski, WENA Studio Twórczej Ekspresji, Poznań 2015.
- Parkinson Cyril Northcote, *Prawo Parkinsona, czyli w pogoni za postępem*, tłum. Juliusz Kydryński, Książka i Wiedza, Warszawa 1992.
- Yemm Graham, *FT Essential Guide to Leading Your Team: How to Set Goals, Measure Performance and Reward Talent*, FT Press, Nowy Jork 2012.

2. Techniki zarządzania czasem

- Allen David, *Getting Things Done, czyli sztuka bezstresowej efektywności*, tłum. Marcin Kapela, Helion, Gliwice 2013.
- Baer Drake, *Dwight Eisenhower Nailed A Major Insight About Productivity*, „Business Insider", 2014, www.businessinsider.com/dwight-eisenhower-nailed-a-major-insight-about-productivity-2014-4?IR=T.
- Boral Bartłomiej, Boral Tobiasz, *Techniki zapamiętywania*, Edgard, Warszawa 2013.
- Buzan Tony, *Mapy twoich myśli*, tłum. Monika Stefaniak, Aha!, Łódź 2014.
- Clayton Mike, *Zarządzanie czasem: jak efektywnie planować i realizować zadania*, tłum. Katarzyna Zimnoch, Edgard, Warszawa 2011.
- Eker T. Harv, *Bogaty albo biedny. Po prostu różni mentalnie!*, tłum. Witold Turopolski, Studio Emka, Warszawa 2011.
- Ferriss Timothy, *4-godzinny tydzień pracy*, tłum. Anita Doroba, MT Biznes, Warszawa 2008.
- Maurer Robert, *Filozofia kaizen. Jak mały krok może zmienić twoje życie*, tłum. Cezar Matkowski, Helion, Gliwice 2013.
- McKay Brett, McKay Kate, *The Eisenhower Decision Matrix: How to Distinguish Between Urgent and Important Tasks and Make Real Progress in Your Life*, „A Man's Life, Personal Development", 2013, www.artofmanliness.com/2013/10/23/eisenhower-decision-matrix/.
- Nöteberg Staffan, *Pomodoro Technique Illustrated: The Easy Way to Do More in Less Time*, The Pragmatic Bookshelf, Raleigh–Dallas 2009.
- O'Toole Garson, *Category Archives: Dwight D. Eisenhower*, „Quote Investigator", 2014, www.quoteinvestigator.com/category/dwight-d-eisenhower/.

- Tracy Brian, *Zjedz tę żabę. 21 metod podnoszenia wydajności w pracy i zwalczania skłonności do zwlekania*, tłum. Marian J. Waszkiewicz, MT Biznes, Warszawa 2011.

3. *Work-life balance*

- Giannantonio Michele, *Być asertywnym*, tłum. Anna Gabryszewska-Konieczny, Wydawnictwo eSPe, Kraków 2011.
- Gregory Abigail, Milner Susan, *Work-Life Balance: A Matter of Choice?*, „Gender, Work & Organization", nr 16(1)/2009, s. 1–13, www.onlinelibrary.wiley.com/doi/10.1111/j.1468-0432.2008.00429.x/full.
- Gromnicka Dorota, *Asertywność w przykładach. Jak zachować się w typowych sytuacjach*, Edgard, Warszawa 2015.
- Honoré Carl, *Pochwała powolności. Jak zwolnić tempo i cieszyć się życiem*, tłum. Krzysztof Umiński, Drzewo Babel, Warszawa 2012.
- Parkins Wendy, *Out of Time: Fast Subjects and Slow Living*, „Time & Society", nr 13(2–3)/2004, s. 363–382.
- Stolarczyk Bartłomiej, *Naucz ich, jak mają Cię traktować! Praktyczny podręcznik asertywności*, Helion, Gliwice 2014.
- Vanderkam Laura, *Co ludzie sukcesu robią przed śniadaniem*, tłum. Joanna Sugiero, Helion, Gliwice 2016.
- Wróbel Agnieszka, *Asertywność na co dzień, czyli jak żyć w zgodzie ze sobą i innymi*, Edgard, Warszawa 2011.

4. Zdrowy styl życia

- Alvarez Gonzalo G., Ayas Najib T., *The Impact of Daily Sleep Duration on Health: A Review of the Literature*, „Progress in Cardiovascular Nursing", nr 19(2)/2004, s. 56–59.

- Clayton Mike, *Zarządzanie stresem, czyli jak sobie radzić w trudnych sytuacjach*, tłum. Katarzyna Zimnoch, Edgard, Warszawa 2012.
- Gmitrzak Dagmara, *Trening relaksacji. Jak uwolnić się od stresu, lęku i depresji*, Edgard, Warszawa 2017.
- *Insomnia: Relaxation Techniques and Sleeping Habits*, Informed Health Online, 2017, www.ncbi.nlm.nih.gov/pubmedhealth/PMH0072504/.
- Irish Leah A., Kline Christopher E., Gunn Heather E., Buysse Daniel J., Hall Martica H., *The Role of Sleep Hygiene in Promoting Public Health: A Review of Empirical Evidence*, „Sleep Medicine Reviews", nr 22/2015, s. 23–36, www.ncbi.nlm.nih.gov/pmc/articles/PMC4400203/.
- Jarema Marek, Rabe-Jabłońska Jolanta, *Psychiatria. Podręcznik dla studentów medycyny*, Wydawnictwo Lekarskie PZWL, Warszawa 2015.
- Salleh Mohd. Razali, *Life Event, Stress and Illness*, „The Malaysian Journal of Medical Sciences", nr 15(4)/2008, s. 9–18, www.ncbi.nlm.nih.gov/pmc/articles/PMC3341916/.
- *Piramida Zdrowego Żywienia i Aktywności Fizycznej*, Instytut Żywności i Żywienia im. prof. dra med. Aleksandra Szczygła, 2016, http://www.izz.waw.pl/pl/zasady-prawidowego-ywienia.
- *Wytyczne ESC dotyczące prewencji chorób układu sercowo-naczyniowego w praktyce klinicznej w 2016 roku*, „Kardiologia Polska", nr 74 (9)/2016, s. 821–936, www.ptkardio.pl/Wytyczne_ESC_dotyczace_prewencji_chorob_ukladu_sercowo_naczyniowego_w_praktyce_klinicznej_w_2016_roku-2659.

Zasoby internetowe

- www.biznesflow.pl/zarzadzanie-czasem-poradnik-i-cwiczenia
- www.cirillocompany.de/pages/pomodoro-technique
- www.megaszkolenia.pl
- www.michalpasterski.pl
- www.produktywnie.pl
- www.superszkolenia.pl
- www.zarzadzanie-czasem.com